FERRET 1976

RÉFUTATION COMPLÈTE

DE LA

GRAMMAIRE

DE

MM. NOEL ET CHAPSAL,

APPUYÉE SUR PLUS DE 5,000 EXEMPLES

TIRÉS DE NOS GRANDS ÉCRIVAINS ;

Ouvrage indispensable aux Instituteurs et Institutrices, et généralement à toutes les personnes qui s'occupent de l'étude et de l'enseignement de notre langue, et qui veulent apprécier le travail de MM. Noel et Chapsal ;

PAR

MM. BESCHERELLE FRÈRES,

AUTEURS DE LA GRAMMAIRE NATIONALE.

NOUVELLE ÉDITION ENTIÈREMENT REFONDUE,

Augmentée de l'examen critique de la GRAMMAIRE POPULAIRE de M. CH. MARTIN et des ouvrages de M. VANIER.

———————

1 fr. 75 c. et 2 fr. 25 c. par la poste

———————

Paris.

Chez BOURGEOIS-MAZE , libraire-éditeur,

Quai Voltaire, 21.

1838.

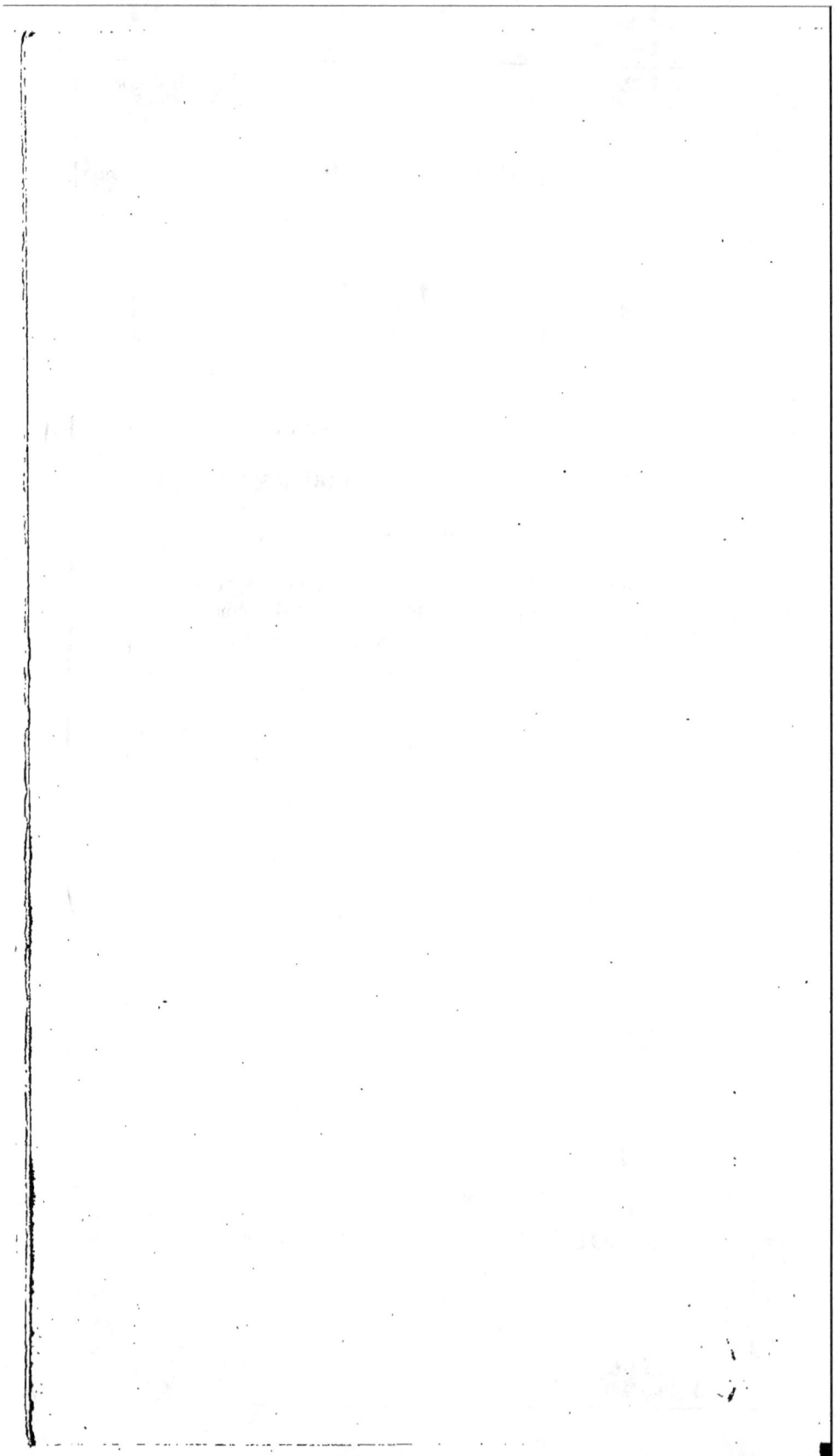

RÉFUTATION COMPLÈTE

DE LA

GRAMMAIRE

DE

MM. NOEL ET CHAPSAL

ET DE CELLE

DE M. CH. MARTIN.

4166

ON TROUVE A LA MÊME LIBRAIRIE :

GRAMMAIRE NATIONALE, ou Grammaire de Voltaire, de Racine, de Fénelon, *et de tous les grands écrivains de la France,* renfermant plus de cent mille exemples, qui servent à fonder les règles, et forment une espèce de panorama où se déroule notre langue, telle que la nation l'a faite, telle que la nation doit la parler — 1 vol. in-8° de plus de 600 pages à deux colonnes. Prix : 12 fr.

LA THÉORIE et les Exercices de la Grammaire Nationale, 1 vol. grand in-8° de 600 pages. Prix : 12 fr.

———

LES EXEMPLAIRES VOULUS PAR LA LOI ONT ÉTÉ DÉPOSÉS.

Je poursuivrai, suivant la rigueur des lois, tout contrefacteur ou débitant de contrefaçons de cet ouvrage, dont chaque exemplaire est revêtu de ma signature.

Bescherelle

Imprimerie de J.-B. GROS, successeur de J. GRATIOT, rue du Foin Saint-Jacques, 18.

RÉFUTATION COMPLÈTE

DE LA

GRAMMAIRE

DE

MM. NOEL ET CHAPSAL,

APPUYÉE SUR PLUS DE 3,000 EXEMPLES

TIRÉS DE NOS GRANDS ÉCRIVAINS ;

Ouvrage indispensable aux Instituteurs et Institutrices, et généralement à toutes les personnes qui s'occupent de l'étude et de l'enseignement de notre langue et qui veulent apprécier le travail
de MM. Noel et Chapsal ;

PAR

MM. BESCHERELLE FRÈRES,

AUTEURS DE LA GRAMMAIRE NATIONALE.

NOUVELLE ÉDITION ENTIÈREMENT REFONDUE,

Augmentée de l'examen critique de la GRAMMAIRE
POPULAIRE de M. Ch. Martin, et des
ouvrages de M. Vannier.

———◆———

1 fr. 75 c. et 2 fr. 25 c. par la poste.

———◆———

Paris.

Chez BOURGEOIS-MAZE, libraire-éditeur,
Quai Voltaire, 21.
1838.

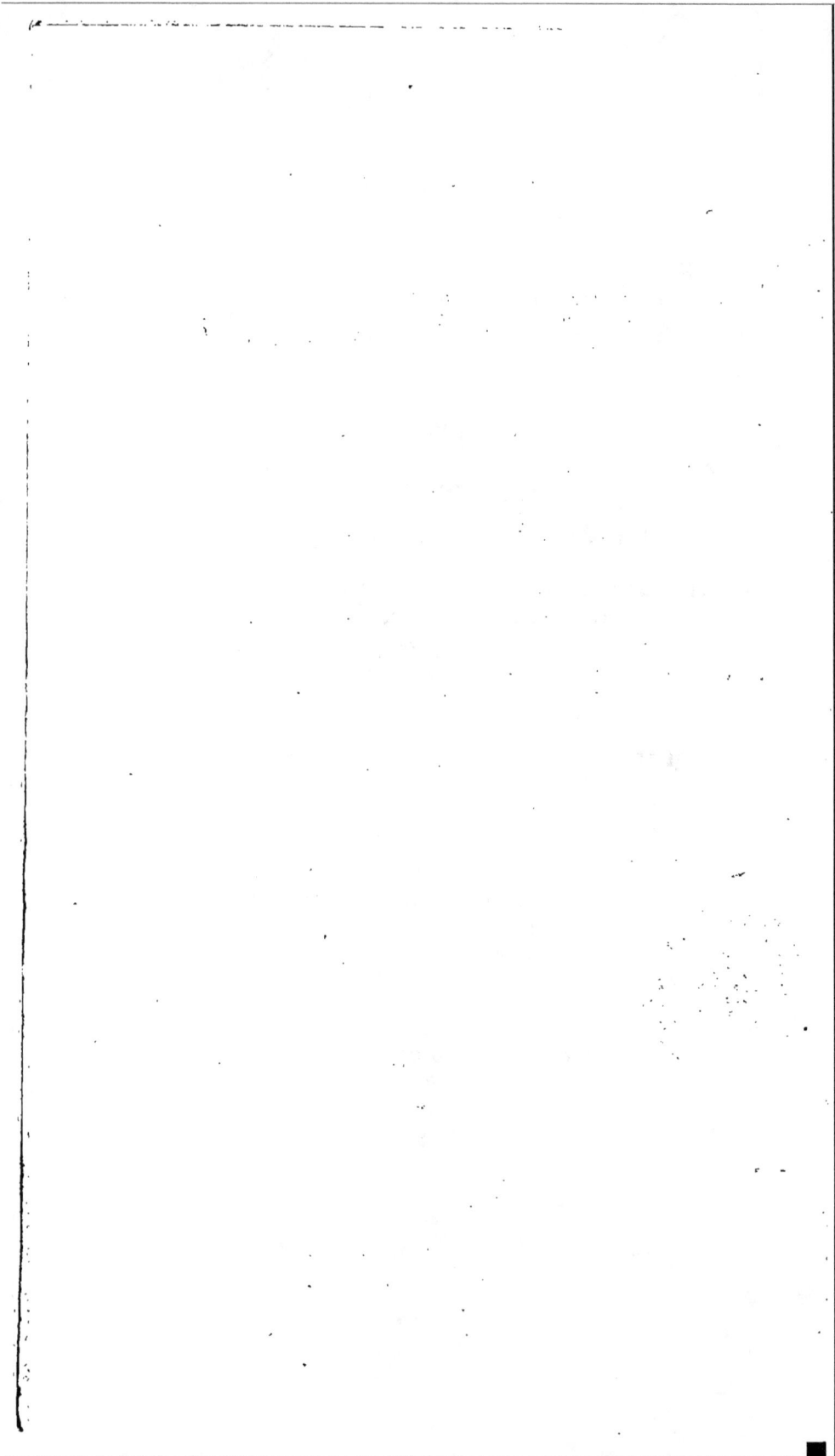

PRÉFACE.

———

Comme on remonte un grand fleuve, depuis son embouchure jusqu'à sa source, pour en connaître tous les sites, pour en contempler toutes les rives; de même nous avons revu la grammaire de MM. Noël et Chapsal, à travers ses trente-deux éditions, remarquant ici les lacunes maintenues, là les erreurs conservées, partout les règles hasardées ou obscures, transmises comme une inaltérable tradition.

Protégée par l'immense réputation et par l'influence toute-puissante de M. Noël, Inspecteur-général de l'Université; lancée surtout à la suite des *Dictionnaires*, des *Gradus*, des *Cours de littérature*, qui fourmillent dans les colléges de France, la grammaire de MM. Noël et Chapsal inonda l'Université tout entière. Partout on accueillit avec empressement un livre que semblait publier un homme d'un grand pouvoir et d'une haute expérience.

Du reste, les temps étaient favorables à un pareil succès. Depuis long-temps la foule était fatiguée des règles incommodes de Lhomond; des abstractions de Wailly; de l'obscurité et de la diffusion de Letellier.

On fut séduit par la simplicité du plan de la grammaire Noël et Chapsal, on sut gré aux auteurs, à M. Noël surtout, de l'économie des détails, de l'élégance des règles, de la généralité des principes. L'enthousiasme alla jusqu'à juger Bossuet, Racine, Voltaire, Rousseau, Lamartine, Châteaubriand, d'après les lois posées par MM. Noël et Chapsal!... On ne s'aperçut pas qu'on étudiait une grammaire factice, dont les règles simples, en apparence, mais vagues et indécises, ne reposent point sur les faits que la langue nous offre dans les chefs-d'œuvre de nos grands écrivains. On ne s'apercevait pas surtout que ces règles vagues s'enveloppent d'un style élégant, il est vrai, mais abstrait jusqu'à en être inintelligible. En vain nos élèves luttaient de mémoire et d'intelligence contre ces abstractions stériles, leur esprit n'y pouvait saisir que des mots sonores et vides de sens. Quel est, en France, l'instituteur, quel est le professeur qui peut se vanter d'avoir fait comprendre à ses élèves la syntaxe de MM. Noël et Chapsal? Règles du style, concordance des temps, rapports des mots entre eux, tout s'enveloppe de considérations fausses ou hasardées, toujours difficiles, souvent même incompréhensibles. Étrange syntaxe qui étouffe la langue qu'elle comprime dans les plus étroites limites! Théories audacieuses de grammairiens inhabiles qui font mentir nos écrivains les plus illustres à chaque page de leurs chefs-d'œuvre.

Aujourd'hui l'enthousiasme a cessé; la critique

s'est levée menaçante, on ne se sert plus de la grammaire Noël et Chapsal par besoin, mais par habitude.
On va même jusqu'à lui préférer le petit Lhomond.
Du moins les colléges royaux de Paris et les grandes
Institutions en sont là ! Et ce n'est pas seulement la
capitale qui manifeste ces opinions hostiles. De toutes les parties de la France, les instituteurs réclament
contre MM. Noël et Chapsal. Les colonnes des journaux d'instruction primaire sont trop étroites pour
contenir toutes leurs critiques. L'un signale une règle incomplète, l'autre une règle trop absolue ; celui-ci une lacune, celui-là une contradiction, chacun
une erreur ; tous accusent un livre dont les principes
faussent la langue et en dénaturent le génie. Suspen-
dant un instant les ardents débats de la politique,
les grands journaux de la capitale ont aussi prêté leur
voix, comme un puissant écho, à ces justes réclamations, et toute la France a vu s'écrouler ainsi la prétendue infaillibilité de la grammaire Noël et Chapsal.

Au milieu de cette conflagration grammaticale,
nous offrons notre *Réfutation*, comme un complément nécessaire à toute étude élémentaire de la langue
française. Il est inutile de dire que nos critiques
sévères retombent aussi sur toute cette tourbe obscure
de grammairiens ignorés, qui tous ont servilement co-
pié Noël et Chapsal. La science gagnera à cette lutte.
Notre ouvrage, en détruisant des principes réputés
immuables, portera les esprits à la discussion, d'où

résulte toujours la connaissance de la vérité, et l'étude de notre langue reposera désormais sur des bases plus larges, sur des faits mieux observés.

Puissent nos efforts n'être pas stériles! Puisse notre ouvrage ramener les esprits à l'étude sérieuse des grands écrivains, offrir des règles conformes au génie de notre langue, et montrer enfin tout le vide de cette multitude de livres, stériles et froides copies de la grammaire Noël et Chapsal! Alors notre œuvre sera accompli.

RÉFUTATION COMPLÈTE

DE LA

GRAMMAIRE

DE

MM. NOEL ET CHAPSAL.

PREMIÈRE PARTIE.

INTRODUCTION.

PAGE 1ʳᵉ, Nᵒ 1ᵉʳ.

« *La Grammaire française est l'art de parler et d'é-crire correctement en français.* »

Comme on le voit, MM. Noël et Chapsal débutent par des règles, par des définitions, c'est-à-dire qu'ils commencent par où ils devraient finir. C'est un vice capital, et qui est malheureusement commun à toutes les grammaires. Les livres élémentaires dont on fait usage dans nos écoles, dit M. Sabatier, ont puissamment concouru à entraîner les instituteurs dans une fausse voie. En général, ces ouvrages abordent brusquement la matière, sans s'inquiéter de rattacher les faits nouveaux qu'ils développent aux connaissances déjà acquises. On ne saurait croire à quel point cette marche, si contraire à celle que la nature nous indique, est nuisible aux progrès des élèves. Si, au début de votre enseignement, vous parlez un langage inintelligible à vos jeunes auditeurs, si vous frappez leurs oreilles de mots scientifiques qui ne sont pour eux signes d'aucune idée, ne comptez ni sur leur intérêt ni sur leur attention. Prenez, au contraire, votre point de départ dans les faits connus; ne laissez jamais s'échapper un mot nouveau que l'idée qu'il représente n'ait été préalablement déposée dans l'entendement, vous serez étonnés du développement intellectuel qui jaillira de votre enseignement, de l'intérêt qui s'attachera à vos leçons, du plaisir avec lequel les enfants vous suivront dans une voie qui ne sera pour eux que la continuation de celle qu'ils parcouraient librement et sans guide; vous n'aurez plus à lutter contre ce qu'on appelle la difficulté des commencements, difficulté qu'on se crée à plaisir, et qui disparaît aussitôt qu'on établit une liaison entre les connaissances acquises et celles qu'on veut acquérir. Ce principe que tous les bons esprits ont proclamé et qu'ils se sont vainement efforcés de propager, doit dominer tout enseignement. Voilà pourquoi les livres élémentaires ne suffisent pas aux instituteurs, pourquoi il est indispensable de leur indiquer les exercices préparatoires auxquels il faut appliquer les élèves, avant de leur faire ouvrir un livre qui traite d'une science ou d'un art. Ces ouvrages n'en restent pas moins de la plus grande utilité; ce sont des résumés qui servent à fixer les idées des enfants, à leur reproduire dans un ordre méthodique les faits qui ont été successivement soumis à leur intelligence. En général, il vaut mieux les lire que les apprendre par cœur, ou du moins si l'on tient à conserver ce dernier exercice, il faut arriver à la mémoire par l'intelligence.

Voilà pour ce qui regarde la méthode suivie par MM. Noël et Chapsal d'un bout à l'autre de leur ouvrage.

Quant à la définition qu'ils donnent de la grammaire, bien qu'elle ait été attaquée, nous croyons qu'elle est irréprochable.

La grammaire est-elle une *science?* est-elle un *art?*

C'est ce qu'on pourrait demander également de la logique, de la médecine, de la navigation, etc., et ce seraient là des questions assez oiseuses.

D'abord, qu'entend-on par *science* et par *art?*

Une *science* est un ensemble de faits, d'observations, de découvertes liées par la méditation, et qui se rapporte à quelque branche des connaissances humaines.

Un *art* suppose aussi des observations, mais il dépend surtout de la pratique et de l'exercice.

La grammaire est donc une *science* plutôt qu'un *art ;* cependant elle peut être considérée sous ce dernier point de vue, en ce qu'elle indique les moyens d'éviter les locutions vicieuses, d'employer des expressions ou des phrases plus ou moins correctes, plus ou moins élégantes, et enfin en ce qu'on y peut devenir plus habile par la pratique.

Parce qu'un beau jour il plut à nous ne savons quel grammairien de s'élever contre toute espèce de définition de cette science, aussitôt tout le *servum pecus* de retrancher, sans trop savoir pourquoi, cette définition en tête de leurs traités. Ouvrez, en effet, la plupart de toutes ces petites grammaires dites *populaires, abrégées, élémentaires,* et vous y chercherez vainement la définition dont nous parlons, et pourtant, si vous feuilletez quelques pages, vous y trouverez la définition du *substantif,* de l'*article,* de l'*adjectif,* du *pronom,* etc. Quoi! peut-on dire aux auteurs de ces ouvrages, vous définissez toutes les parties du discours, et vous omettez la première, la plus importante de toutes les définitions, celle de la science que vous traitez? Que voulez-vous que réponde l'enfant qui se sert de votre livre, si l'on vient à lui demander : *Qu'est-ce que la grammaire?* Ou il faut tout définir ou ne rien définir du tout. Alors on est conséquent avec soi-même.

PAGE 1ʳᵉ, Nᵒˢ 2, 3 ET 4.

« *Pour parler et pour écrire on se sert de mots.* »

« *Les mots sont composés de lettres.* »

« *Il y a deux sortes de lettres, les* VOYELLES *et les*
« CONSONNES. »

Dire que, pour parler et pour écrire, on se sert de
mots, voilà qui est très bien ; mais cela ne dispense en
aucune façon de dire ce qu'on doit entendre par *mots.*
La même observation s'applique également aux *lettres*
dont nous ne voyons ici aucune définition, aucune
explication. Comment voulez-vous que l'enfant
prenne goût à une étude aussi aride que l'est celle
de la grammaire, lorsque vous ne lui donnez pas les
explications les plus indispensables, lorsque vous ne
prenez pas soin de lui donner une idée nette et précise de ce que vous voulez lui inculquer? Que vos définitions soient courtes, je le veux bien, mais qu'elles
soient au moins complètes. Les livres élémentaires
sont faits pour l'étude, et doivent lui suffire en tout
ce que la pensée écrite peut exprimer complètement.
Si l'étudiant suffisamment préparé, intelligent et d'un
esprit droit, ne pouvait se passer du secours d'un
professeur, ce serait la faute du livre ; l'auteur ne devait point y laisser une seule lacune, au risque de
paraître un peu diffus, lorsqu'il tombe entre les mains

de lecteurs en état de comprendre à demi-mot. *Ne rien dire de trop* est un conseil plutôt qu'un ordre de la raison; *ne rien omettre d'utile* est une obligation rigoureusement imposée, et dont rien ne peut dispenser.

CHAPITRE PREMIE.

DU SUBSTANTIF.

PAGE 5, N° 20.

« *Le substantif représente un être ou un objet quel-*
« *conque, soit qu'il existe dans la nature, comme* CIEL,
« ARBRE, ENFANT, *soit qu'il n'ait d'existence que dans*
« *notre imagination, comme* ESPÉRANCE, PERFECTION,
« BONHEUR. »

On a critiqué cette définition comme entachée
d'impiété. Mais cette critique n'a aucun fondement.
En disant que la *vertu*, l'*espérance*, etc., n'existent
que dans notre imagination, MM. Noël et Chapsal
n'ont pas prétendu dire par là qu'elles n'existaient
pas dans la nature. C'est une absurdité toute gratuite
et qui n'a pu leur être prêtée que par la plus insigne
mauvaise foi.

Les êtres désignés par les noms de *ciel, arbre, enfant*, existent réellement ; nous les voyons, nous
pouvons les montrer à d'autres personnes ; je puis
vous dire : Voici un enfant, voyez le ciel comme il
est serein, cet arbre est chargé de fruits, etc., etc.

Mais si je dis : *Le bonheur des méchants comme
un torrent s'écoule*. Le BONHEUR.... Existe-t-il un
objet de ce nom, un objet que nous puissions voir
et qui se nomme *bonheur ?* Puis-je vous montrer une
chose et vous dire ceci s'appelle *bonheur*, comme je
vous dis, en vous montrant un enfant : voilà un bel

enfant ? Je ne le puis. Il n'y a donc aucun être, aucun objet du nom de *bonheur* existant **réellement**. Cependant, direz-vous, le mot *bonheur* nomme quelque chose, et c'est le nom de quelque chose.

Oui, sans doute, le mot *bonheur* nomme quelque chose. Ce mot nomme l'état de celui qui est heureux, sans rapporter cet état à telle ou telle personne.

Le mot *bonheur* ne désigne donc pas un être physique existant dans la nature, ni un produit matériel de nos arts et de notre industrie ; mais une manière d'être qui n'a qu'une existence intellectuelle dans notre entendement, et dont nous n'avons pu nous former une idée que par *abstraction ;* car il n'y a rien dans la nature qui s'appelle *bonheur*, il y a seulement des êtres qui sont *heureux.* C'est pour cela qu'on a fait de ces sortes de substantifs une classe à part.

Une lacune qu'on doit reprocher à MM. Noël et Chapsal, c'est d'avoir omis de dire que le nom commun peut devenir nom propre, et qu'à son tour le nom propre peut devenir nom commun. Quand on dit :

Tout bourgeois veut bâtir comme les grands *seigneurs.*
(La Fontaine.)

Seigneurs, éveillant une idée commune à tous les individus de la même classe, à tous les seigneurs, est un nom commun.

Mais si l'on dit :

.... Heureux mille fois
L'enfant que le *Seigneur* rend docile à ses lois !

Seigneur, éveillant une idée particulière, propre seulement au **Créateur**, devient substantif propre.

PAGE 5, N° 29.

« *Le genre est la propriété qu'ont les* substantifs
« *de représenter la* distinction *des sexes.* »

Dans leur dictionnaire, MM. Noël et Chapsal sont
un peu plus concis; ils retranchent le mot *distincti. n*
et disent tout simplement : *de représenter les sexes.*
Nous avons souligné à dessein le mot *substantifs,* car,
dans leur dictionnaire, MM. Noël et Chapsal ne disent pas que ce sont seulement les *substantifs* qui ont
la propriété de représenter les sexes, mais les *mots;*
ce qui nous semble également inexact. En effet, cette
distinction du genre ne s'étend pas à tous les mots
en général; les verbes, les adverbes, les prépositions,
les conjonctions et les interjections, en sont privés.
D'un autre côté, il n'y a pas que les *substantifs* qui y
soient soumis; les pronoms, les adjectifs en sont
également passibles. Nous en conclurons donc que
MM. Noël et Chapsal n'ont pas été plus heureux dans
leur grammaire que dans leur dictionnaire, et que
les définitions du *genre* qu'ils donnent dans ces deux
ouvrages, quoique différentes dans la forme, n'en
sont pas meilleures quant au fond.

PAGE 5, N° 29.

« *Les substantifs représentant des êtres inanimés n*[e]
« *devraient point avoir de genre; cependant l'usage leur*
« *a assigné, mais* arbitrairement, *l'un* ET *l'autre*
« *genre.* »

Nous en demandons bien pardon à MM. Noël et
Chapsal, mais l'emploi de la conjonction *et* nous semble ici vicieux. Ce n'est pas *et* qu'il faut, mais *ou.*
Tous les substantifs représentant des êtres inanimés
ne sont pas des deux genres; ils n'en ont *ordinaire-*

ment qu'un, ainsi que le disent eux-mêmes MM. Noël et Chapsal au n° 327 de leur Grammaire. Ils sont presque tous ou masculins, comme *soleil*, *château*, *pays*, ou féminins, comme *lune*, *maison*, *ville*. Il n'y en a qu'un très petit nombre qui adoptent les deux genres. Cette contradiction choquante disparaîtra sans doute dans une prochaine édition.

Est-ce bien, en effet, *arbitrairement*, comme l'avancent MM. Noël et Chapsal, que l'usage a assigné l'un ou l'autre genre aux noms qui représentent des êtres inanimés? Nous ne sommes pas tout-à-fait de cet avis, et nous pensons que l'homme, frappé de certaines analogies entre les attributs des différents sexes, et les propriétés particulières des corps inanimés, a dû faire passer dans son langage cette comparaison de son esprit. L'attribution du genre aux êtres dépourvus de sexe fut, selon nous, une véritable métaphore.

PAGE 5, N° 30.

« *Le nombre est la propriété qu'ont les substantifs de* « *représenter l'unité ou la pluralité.* »

Voilà ce que dit la grammaire de MM. Noël et Chapsal; mais, si nous ouvrons leur dictionnaire, nous y trouvons une tout autre définition. Nous croyons devoir la rapporter : Nombre, *terme de grammaire*, TERMINAISON *qui ajoute à l'idée principale du mot, l'idée accessoire de la quantité.* Or, nous le demanderons, pourquoi deux définitions, lorsqu'une seule pourrait suffire? S'il nous est permis de faire ici un choix, nous dirons que nous préférons de beaucoup cette dernière définition, car la première ne signifie pas grand'chose. En effet, comment les substantifs ont-ils la *propriété* de représenter l'unité ou la pluralité? qu'est-ce que l'unité? qu'est-ce que la pluralité? Voilà autant de questions auxquelles cette définition ne répond en aucune manière. Nous croyons qu'il serait plus simple de dire que *le nombre représente l'unité ou la pluralité*, en expliquant toutefois ce qu'on doit entendre par ces derniers mots. En s'en tenant à la définition de MM. Noël et Chapsal, on serait porté à croire qu'il n'y a que les substantifs qui soient susceptibles du nombre. Or, tout le monde sait que les adjectifs, les pronoms et les verbes reçoivent aussi cette modification.

PAGE 5, N° 31.

« Humanité *ne s'emploie qu'au singulier.* »

Humanités se dit au pluriel, lorsqu'on veut parler de ce qu'on apprend dans les collèges jusqu'à la philosophie exclusivement : *achever ses humanités.*

MM. Noël et Chapsal disent que *pleurs* et *ancêtres* ne s'emploient jamais au singulier. Cependant Bossuet a dit dans l'oraison funèbre d'Anne de Gonzague: *Là, commencera ce pleur éternel; là, ce grincement de dents qui n'aura jamais de fin.* Et Victor Hugo :

Combien vivent joyeux qui devaient, sœurs ou frères,
Faire un *pleur* éternel de quelques ombres chères!

Le singulier donne à l'expression une énergie prodigieuse. Aussi y a-t-il fort peu d'écrivains qui aient osé imiter cette expression, tant elle a de hardiesse et de force!

Quant au mot *ancêtres*, Fénelon l'a employé au singulier (*Entrée aux Enfers*). Rivarol s'en est également servi au même nombre : *nous ne disons rien de cet* ANCÊTRE *de la littérature moderne : la probité de ses vers et l'honnêteté de sa prose sont connues* (Almanach des grands Hommes).

« *Les substantifs terminés au singulier par* al,
« *changent au pluriel cette finale en* aux; *un* cheval,
« *des* chevaux; *un* hôpital, *des* hôpitaux. *Excepté*
« bal, carnaval, régal; *ils font* bals, carnavals,
« régals. »

D'après cette règle, *chacal, caracal, narval, serval, cal, nopal, pal, cérémonial, sandal, pipal,* devraient faire *chacaux, caracaux, narvaux, servaux,* etc. Nous renvoyons MM. Noël et Chapsal à leur dictionnaire; ils y verront que *chacal, caracal,* etc., font au pluriel *chacals, caracals.*

« *Les substantifs en* ail *font leur pluriel par l'addi-*
« *tion d'une* s, *et non pas en* aux. »

Cette rédaction n'est pas très correcte; selon nous, il faudrait dire : les substantifs en *ail* font leur pluriel par l'addition d'une *s*, et non par le changement d'*ail* en *aux*.

« REMARQUE. *Les substantifs terminés par* ant *et*
« *par* ent *conservent ou perdent le* t *au pluriel.*
« *L'usage permet d'écrire également :* des diamants, des
« enfants, *ou* des diamans, des enfans; *excepté* POUR
« *les substantifs qui n'ont qu'une syllabe, dans lesquels*
« *la suppression du* t *n'a jamais lieu.* »

Nous pensons qu'au lieu de *pour* il faudrait *tous*, si l'on tient absolument à avoir le même nombre de mots.

Nous ferons remarquer que la suppression du *t* a lieu dans *tous* et dans *gens*, quoique ces mots ne soient que d'une syllabe.

CHAPITRE II.

DE L'ARTICLE.

PAGE 7, N° 34.

« *Nous n'avons en français qu'un article*, *qui est*
« le. »

Que n'a-t-on pas dit sur cette partie du discours,
depuis Ramus jusqu'à MM. Noël et Chapsal! Parmi
les définitions que nous ont laissées les grammairiens,
il y en a qui sont vraiment curieuses, et d'autres qui
vont jusqu'à la bouffonnerie, comme celle-ci, par
exemple : *les articles servent comme de clef, de cheva-
let ou de gouvernail pour diversifier les noms.* Voilà du
pittoresque, j'espère ! et ceci réfute d'une manière
triomphante l'assertion de M. Boussi, qui regardait
comme une œuvre impossible la *Grammaire pittoresque.* Qu'il donne cette définition à un peintre, et il
verra ! Ramus disait que l'article est un *nom.* Régnier-
Desmarais, Buffier, Port-Royal et l'Académie de
1772 l'appelaient *particule.* Suivant Lhomond, Lévizac, l'abbé Guillon et Girault-Duvivier, c'est un *petit
mot.* Jusque là tout va encore assez bien ; on reconnaît à l'article une valeur quelconque, celle de *nom*,
de *particule*, ou, ce qui n'est qu'une variante, de
petit mot. Mais arrivent Wailly et Estarac, qui, ne
reconnaissant aucune espèce de valeur à l'article,
affirment que c'est un mot *qui ne signifie rien !* Un
mot qui *ne signifie rien !* Que penseront de cette défi-

nition ceux qui ont la bonhomie de croire que tout mot est signe d'idée? MM. Noël et Chapsal ont esquivé la difficulté d'une manière excessivement adroite. Ils n'ont pas dit : l'article est un *nom*, ni l'article est un *adjectif*, ni l'article est une *particule*, ni encore l'article est un *petit mot*, ni enfin l'article est un *mot* Foin! plus prudents en cela que leurs devanciers, ils n'ont pas voulu s'exposer aux coups de la critique en disant ce que l'article est ou n'est pas ; ils ont plus sagement fait; ils se sont bornés à dire : *Nous n'avons qu'*UN ARTICLE *en français, qui est* LE. *Sa fonction est de précéder les substantifs communs pour annoncer qu'ils sont employés dans un sens déterminé.* Vous nous parlez de la fonction, de l'usage de l'article, c'est très bien, sans doute ; mais est-ce un petit ou un gros mot, un nom ou un adjectif, une particule ou un simple mot vide d'idée? Voilà ce que vous ne nous apprenez pas, et ce que précisément nous aurions désiré savoir. Mais c'est assez attaquer MM. Noël et Chapsal sur ce qu'ils n'ont pas dit, examinons un peu ce qu'ils ont dit. Or, ils avancent que l'article ne se met qu'avant les noms *communs ;* ils se trompent, car l'article se met aussi avant les noms *propres.* On dit très bien LE *Camoëns,* LE *Tasse,* LA *Champmêlé,* LE *Guarini,* LE *Canada,* LE *Pérou,* LA *Guadeloupe,* LA *Martinique,* LES *Cordilières,* LES *Alpes,* etc., etc.

Il s'emploie aussi avant les adjectifs; exemple : LA plus vertueuse, LA plus belle, LA plus riche des femmes. Ne dit-on pas aussi, LE pour, LE contre?

Il résulte de tout ceci que la définition que nous attaquons est non seulement incomplète, mais inexacte.

Nous croyons donc devoir lui substituer celle-ci ? *L'article est un mot qui, comme tous les autres adjectifs déterminatifs, sert à déterminer, sous le rapport de leur étendue, de leur signification, les substantifs et les mots pris substantivement,* comme quand on dit : *les si, les mais, les car, le boire, le manger,* etc.

C'est précisément parce que nous n'avons qu'un article, qu'il est ridicule d'en faire une espèce de mot particulière ; car prendre un mot unique dans les langues pour en faire une partie du discours, c'est admettre une division inutile et que rien ne justifie. Ce mot a d'ailleurs une analogie si frappante avec les adjectifs déterminatifs, qu'il est beaucoup plus rationnel de le ranger dans cette classe.

PAGE 7, N° 34.

« *Mais,* disent MM. Noël et Chapsal, *l'adjectif*
« *déterminatif diffère de l'article, en ce que celui-ci se*
« *borne à indiquer que le substantif commun est pris*
« *dans un sens déterminé, au lieu que l'adjectif détermi-*
« *natif le détermine par lui-même. Dans cette phrase :*
« le livre dont vous parlez est intéressant, *la signi-*
« *fication du mot* livre *est déterminée par* dont vous
« parlez ; *ôtez ce membre de phrase, on ne sait plus de*
« *quel livre je veux parler, et il n'y a plus de sens. Dans*
« *celui-ci, au contraire :* ce livre est intéressant, *le*
« *sens du substantif* livre *est déterminé par* ce ; *à l'aide*
« *de ce mot, mon esprit envisage un livre particulier,*
« *un livre que l'on montre, sans qu'il soit nécessaire d'a-*
« *jouter autre chose pour opérer cette détermination.* »

Ces raisonnements nous paraissent passablement faux.

Dans la phrase suivante : *ce livre est intéressant*, *ce* ne détermine nullement par lui-même le mot *livre*. Si MM. Noël et Chapsal avaient un peu plus réfléchi sur la nature de ce mot, ils auraient vu que *ce* ne peut déterminer le nom qu'avec le secours d'une proposition le plus souvent sous-entendue. En effet, quand vous dites : *ce livre*, vous croyez si peu que *ce* renferme toute la détermination que vous entendez donner au mot *livre*, que vous vous empressez d'indiquer par un geste de quel livre vous voulez parler. Or, ce geste peut être considéré comme une expression du langage d'action, équivalente à une des propositions *que je vous montre, que vous voyez*, etc. Et c'est précisément cette proposition qui complète la détermination qui n'est qu'annoncée par le mot *ce*. *Ce livre est intéressant*, équivalant à *ce livre* QUE JE VOUS MONTRE *est intéressant*, il en résulte que *ce* sert à déterminer le mot *livre*, non par lui-même, mais à l'aide de la proposition *que je vous montre* sous-entendue. Pour mieux faire sentir tout le vide de la distinction établie entre *ce* et *le* par MM. Noël et Chapsal, il nous suffira de rapprocher les deux phrases suivantes :

Le livre *dont vous parlez* est intéressant.

Ce cheval *que vous voyez là* est à moi.

Quelle différence, en effet, est-il permis d'apercevoir entre *le* et *ce*? *Le* ne détermine-t-il pas *livre* avec le concours de la proposition *dont vous parlez*, tout comme *ce* détermine *cheval* au moyen de la proposition *que vous voyez là*? Il en serait absolument de même si, après avoir parlé de tel ou tel livre, de tel ou tel cheval, on disait :

Le livre est intéressant.

2

Ce cheval est à moi.

Le et *ce* détermineraient encore ici les mots *livre* et *cheval* avec le secours de la proposition sous-entendue , *dont je parle*, ou toute autre semblable.

PAGE 8, N° 41.

« *L'élision de l'article a lieu devant une voyelle ou* « *une* h *muette.* »

Encore serait-il bon de prévenir qu'on doit excepter de cette règle *onze* et *onzième ;* on dit en effet : *le onze, le onzième,* et non *l'onze, l'onzième.* Les couturières de Paris et l'Académie disent aussi *de la ouate.* On dit aussi le *oui*, le *non*.

PAGE 8, N° 43.

« *La contraction* AU, DU, *n'a pas lieu devant une* « *voyelle ou une* h *muette.* »

Même observation que ci-dessus.

CHAPITRE III.

DE L'ADJECTIF.

PAGE 9, N° 44.

« *L'adjectif exprime les* QUALITÉS *du substantif.* »

L'adjectif ne peut exprimer que *la qualité*, et non *les qualités* du substantif ; il est ridicule de mettre les mots *adjectif* et *substantif* au singulier, et le mot *qualités* au pluriel. Quand je dis : *habit* BLEU, *bleu* exprime *la qualité*, et non *les qualités* du substantif *habit*, pour parler le ridicule langage de ces messieurs.

Les *qualités* d'un substantif sont d'être bien ou mal écrit, long ou court : *le* est un petit mot, *incommensurablement* est un grand mot. *Bleu*, dans *habit bleu*, n'exprime donc pas la qualité ou manière d'être du substantif *habit*, à moins que ce dernier ne soit écrit ou imprimé en encre *bleue* ; mais il exprime la qualité de l'objet représenté par le mot *habit*, ce qui n'est pas précisément la même chose. On ne saurait trop se montrer sévère dans l'emploi des termes.

PAGE 9, N° 46.

« *Les* ADJECTIFS *qualificatifs s'ajoutent au substantif pour en exprimer* LA QUALITÉ. »

Dans le numéro précédent, c'était *un adjectif* qui exprimait *les qualités* d'un substantif ; ici ce sont *des adjectifs* qui expriment *la qualité* d'un substantif. Voilà qui est bien peu conséquent.

PAGE 9, N° 47.

« *Parmi les adjectifs qualificatifs il y en est qui déri-*

« vent des verbes et qu'on appelle, pour cette raison, ad-
« jectifs verbaux; tels sont CHARMANT, MENAÇANT, OBLI-
« GEANT, etc., formés des verbes MENACER, CHARMER, OBLI.
« GER. Ces adjectifs sont toujours terminés par ANT. »

Non, tous les adjectifs verbaux ne sont pas terminés par ant. MM. Noël et Chapsal ont omis de comprendre dans la classe des adjectifs verbaux les participes passés, comme aimé, charmé, menacé, obligé,
etc. Toutes les fois que le participe passé, dit Andrieux, se trouve joint au verbe être, il est réellement
adjectif verbal.

PAGE 10, N° 51.

« Tout adjectif terminé au masculin par un e muet,
« ne change pas de terminaison au féminin. »

Cependant traître fait TRAÎTRESSE; maître, MAÎ-
TRESSE; diable, DIABLESSE; ivrogne, IVROGNESSE;
mulâtre, MULATRESSE; pauvre, PAUVRESSE; suisse,
SUISSESSE, etc., etc.

C'est une omission que nous engageons MM. Noël
et Chapsal à réparer.

PAGE 11, N° 51.

« Franc fait au féminin franche. »

Néanmoins il serait bon de prévenir qu'en style
historique on dit les peuplades franques, les races
franques, pour désigner les tribus qui envahirent les
Gaules, sous Pharamond.

Métis, qui fait au féminin métisse, a été oublié
parmi les exceptions de la 2e règle n° 56.

PAGE 15, N° 52.

« Les adjectifs en al, font leur pluriel masculin les
« uns en aux, et c'est le plus grand nombre ; et les
« autres par l'addition d'une s. »

Mais quels sont ceux qui doivent se changer en *aux*, et ceux qui doivent prendre *als?*

« Grand tumulte, dit M. Lemare, parmi les gram
« mairiens à cette occasion ; l'Académie elle-même
« ne peut s'y faire entendre. Buffon a dit : des habi-
« tants *brutaux*, des mouvements *machinaux;* Jean-
« Jacques : des compliments *triviaux ;* Regnard : des
« liens *conjugaux;* l'Académie : des offices *vénaux*,
« tandis qu'elle rejette tous les mots précédents.
« M. Chapsal, qui cite et adopte les exemples ci-des-
« sus, se glisse dans la mêlée, et, augmentant le dé-
« sordre, il veut qu'on dise : les sons *nasals*, les
« soins *filials*, les ciseaux *fatals*. Le Tellier accourt,
« s'escrime à droite et à gauche, s'attaque aux habi-
« tants *brutaux* de Buffon; arrête ses mouvements *ma-
« chinaux;* rit des compliments *triviaux* de Jean-
« Jacques; foule aux pieds les liens *conjugaux* de
« Regnard; étouffe les sons *nasals* de M. Chapsal; et
« sans respect pour l'autorité qui tient notre langue
« en tutelle, proscrit ses offices *vénaux*. Quel parti
« prendre dans une aussi grande affaire? — Celui de
« l'analogie, ou s'abstenir, lorsqu'on craint de cho-
« quer l'oreille par un son tout-à-fait inusité. »

Ce conseil de M. Lemare est très sage, et nous
avons cru ne pouvoir mieux faire que de le répéter,
au lieu de nous jeter dans les interminables discus-
sions qui se sont élevées à cet égard. Seulement nous
ajouterons que nous avons dans notre langue environ
trois cents mots terminés en *al;* que sur ces trois cents
mots il y en a près de deux cent quatre-vingts qui se
changent au pluriel en *aux;* et que par conséquent il
n'y en a tout au plus que vingt qui fassent *als*, ou

dont la terminaison plurielle ne soit pas encore bien fixée (1).

Quelques grammairiens, se souciant fort peu d'appauvrir notre langue en lui imposant des entraves sans nécessité, ont proscrit le pluriel de certains adjectifs en *al*. C'est ainsi que, selon eux, il n'est pas permis de pluraliser les adjectifs *idéal*, *trivial*, *patricial*, *fatal*, *initial*, *adverbial*, *déloyal*, *médical*, *musical*, *sentimental*, et une infinité d'autres.

En quoi donc les expressions suivantes blessent-elles l'euphonie? Des êtres *idéaux* (Buffon); des buffles *brutaux* (idem) (2); des chiffres *triviaux* (3); des honneurs *patriciaux* (4); des instants *fatals* (Saint-Lambert); des cierges *pascals* (Trévoux et Gattel); des sons *finals*, *initials* et *nasals* (Beauzée et plusieurs auteurs); des repas *frugals*, des codes *pénals*, des combats *navals* (Girault-Duvivier); des effets *théâtrals* (Gattel); les feux *verticaux* du soleil (Bernardin de Saint-Pierre) (5).

---

(1) Sans doute il eût été plus convenable de ne donner qu'une seule terminaison plurielle aux adjectifs en *al*; mais l'usage, plus puissant que toutes les règles, en a décidé autrement, et l'on est contraint de se soumettre aveuglément à ses lois.

(2) Il paraît aussi que les buffles sont plus doux et moins *brutaux* dans leur pays natal, et que plus le climat est chaud, plus ils sont dociles.

(3) Une basse ainsi hérissée de chiffres *triviaux* rebute l'accompagnateur, et lui fait souvent négliger les chiffres nécessaires.

(4) On voyait devenir des officiers de l'empire les mêmes conquérants qui l'avaient avili; les plus grands rois accepter, briguer même les honneurs *patriciaux*.

(5) Lorsque le soleil au milieu de sa carrière embrase les campagnes de ses feux *verticaux*, les arbres nous offrent de magnifiques parasols.

Nous le demandons, quel serait le puriste assez
scrupuleux pour rejeter des expressions approuvées
par tant d'autorités différentes?

Comment, par déférence pour les décisions de
quelques grammairiens peu observateurs et dont l'u-
nique plaisir est de forger des règles, on ne dirait
pas des hommes *déloyaux*, des contes *pastoraux*,
des avis *préceptoraux*; des cercles *horizontaux*, des
amants *sentimentals*, des habits *doctorals*, des soins
filials, des vents *glacials*; des devoirs *maritals*, etc., etc.
En vérité, il est par trop ridicule de vouloir ainsi
interdire l'acte de la pensée, en proscrivant des mots
essentiellement nécessaires. Aussi, forts de l'autorité
des bons écrivains, nous pensons, avec M. Boniface,
qu'on doit faire justice de cette absurde proscription :
Ipsæ res verba rapiunt (les choses entraînent les
paroles. Cicéron).

MM. Noël et Chapsal ont également oublié de dire
que l'usage est encore partagé sur le féminin des
mots *huguenot, vieillot, bellot*; quant à nous, nous
croyons qu'il faut préférer la règle générale et ne pas
doubler le *t*.

PAGE 12, N° 51.

« Remarque. *Les adjectifs en eur, qui expriment*
« *un état principalement exercé par les hommes, ne*
« *changent pas au féminin.* »

Il faudrait cependant en excepter quelques mots,
tels que *cultivateur, empereur, ambassadeur*, etc.,
qui font *cultivatrice; impératrice; ambassadrice.*

Voltaire a écrit à Mme Dacier : *Vous êtes la seule*
Traductrice *et* Commentatrice. Rien n'empêche de
l'imiter.]

PAGE 2, N° 55.

« *Les adjectifs déterminatifs se joignent au substantif*
« *pour en déterminer la signification, à l'aide d'une*
« *idée qu'ils y ajoutent. Quand je dis* : ma maison,
« ma *attache à* maison *une idée de possession.* »

D'abord, nous ferons remarquer que c'est une
bizarrerie par trop choquante de dire : *les adjectifs
déterminatifs déterminent le substantif,* en mettant
adjectifs au pluriel, et *substantif* au singulier.

Mais nous avons une observation plus importante
à faire.

Dire que le sens du substantif *maison,* dans *ma
maison,* est assez déterminé par *ma,* sans qu'il soit
besoin d'ajouter autre chose pour opérer cette détermination, c'est prouver qu'on ignore complètement
la véritable nature des adjectifs possessifs.

Nous apprendrons donc à MM. Noël et Chapsal,
1° que l'objet unique de ces adjectifs est, dans le
français comme dans toute autre langue, de com-
pléter la détermination toujours annoncée par l'article; 2° que l'ellipse sous-entend l'article, ce qui
rend indispensable le placement de ces mots avant
le substantif; 3° que les adjectifs *mon* ou *mien*, *ton*
ou *tien*, etc., sont exactement les mêmes, pour le
sens, que les formes *de moi, de toi,* etc.

L'analyse va prouver jusqu'à l'évidence la vérité
de ces assertions.

Quand je dis : LE *père* DE LUI, l'article *le* détermine le mot *père* avec le concours de l'expression
de lui. Eh bien ! il en est de même quand je dis : *son
père,* qui est l'abrégé de *le père son, le père sien, le*

père de lui. Dans l'un comme dans l'autre cas, l'article exprimé ou sous-entendu sert à déterminer le mot *père* à l'aide de l'adjectif *mon ou mien* ou l'expression qualificative *de moi. Mon, ma, mes,* ne déterminent donc pas seuls les substantifs, ainsi que l'avancent à tort MM. Noël et Chapsal.

CHAPITRE IV.

DU PRONOM.

PAGE 16, N° 67.

« *Le pronom est un mot qu'on met à la place du*
« *substantif ou nom, pour en rappeler l'idée et pour*
« *en épargner la répétition.* »

Si cette définition que nous donnent MM. Noël et
Chapsal est exacte, qu'ils nous disent de quels noms
les mots *je, te, nous, vous,* tiennent la place? Puisque l'on ne peut remplacer ces mots par aucun
substantif sans altérer la forme du verbe, sans changer l'idée, il faut donc convenir, avec Condillac,
Lemare et la Société grammaticale, que les préten-
dus pronoms sont de vrais substantifs.

On est l'abrégé de *homme. Autrui* n'est nullement
un pronom. *Tout,* substantif collectif universel, un
pronom! et *rien,* un substantif! De quel nom *per-*
sonne tient-il la place? C'est une vraie mystification.

Tous ces mots sont, à notre avis, ou des substantifs indéterminés, ou des adjectifs employés ellipti-
quement comme substantifs. (Dessiaux , *Examen*
critique de la Grammaire des Grammaires.)

PAGE 17, N° 74.

« *Cela.* »

C'est à tort que MM. Noël et Chapsal mettent un accent sur l'*a* dans *cela*. Ils n'ont d'ailleurs qu'à recourir à leur dictionnaire pour s'en convaincre.

PAGE 17, N° 75.

« *Il ne faut pas confondre* ce, *pronom démonstratif,*
« *avec* ce, *adjectif démonstratif. Le premier est tou-*
« *jours joint au verbe* être *ou suivi des pronoms* qui,
« *que, quoi, dont ; c'est lui; ce qui plaît; ce*
« *dont je parle; ce à quoi je pense. Le second est*
« *toujours suivi d'un substantif :* ce *discours,* ce
« *livre.* »

Il y a plusieurs erreurs dans ce passage.

Ce, pronom, est toujours joint au verbe *être*. Cela n'est pas vrai, car *ce* peut se placer encore devant les verbes *pouvoir*, *devoir*, suivis de *être*, et devant les verbes *dire* et *sembler*. Exemples :

Figurez-vous quelle joie *ce* peut être que de relever la fortune d'une personne qu'on aime. (Mo-LIÈRE.)

> Sottes de ne pas voir que le plus grand des soins,
> *Ce* doit être celui d'éviter la famine. (La Fontaine.)

> Doux trésor, *ce* dit-il, chers gages qui jamais
> N'attirâtes sur vous l'envie et le mensonge. (*Idem.*)

Les Portugais auraient dû, *ce* semble, établir toute leur puissance dans cette île. (Raynal.)

- *Ce*, dites-vous, est tantôt pronom démonstratif, et tantôt adjectif démonstratif. Erreur grossière!

Quoi! ne voyez-vous pas qu'il y a ellipse dans ces phrases *c'est lui; ce qui plaît; ce dont je parle; ce à quoi je pense,* et que ce sont des abrégés de : *cet* (homme) *est lui; ce* (objet) *qui plaît; ce* (fait) *dont je parle; cet* (objet) *à quoi* pour *auquel je pense?* Un mot ne peut ainsi changer de nature parce qu'il est employé d'une manière elliptique. *Ce,* suivi ou non suivi d'un substantif, reste toujours ce qu'il est, c'est-à-dire un *adjectif démonstratif.*

PAGE 18, Nº 80.

« *Les adjectifs indéfinis* aucun, nul, certain, « plusieurs, tel, *quand ils ne sont pas joints à un* « *substantif, peuvent être considérés comme pronoms* « *indéfinis.* »

Erreur! *Aucun, nul, certain, plusieurs, tel,* ne sont jamais qu'adjectifs : quand ils sont seuls, c'est qu'il y a ellipse du substantif, cela est clair. *Aucun n'a répondu,* c'est pour *aucun* (homme) *n'a répondu; nul n'est de mon avis,* c'est pour *ul* (homme) *n'est de mon avis; plusieurs pensent que,* c'est pour *plusieurs* (personnes) *pensent que.* Pour que ces mots pussent devenir *pronoms,* il faudrait qu'ils remplaçassent d'autres mots; or de quel mot tient la place *nul,* quand je dis : *nul ne viendra?* Cette idéologie est contraire à tous les principes.

CHAPITRE V.

DU VERBE.

PAGE 19, N° 81.

« *Il n'y a réellement qu'un verbe, qui est le verbe* ÊTRE, *parce que c'est le seul qui exprime l'affirmation.* AIMER, DORMIR, LIRE, *etc.*, *ne sont véritablement des verbes que parce qu'ils renferment en eux le verbe* ÊTRE; *en effet* AIMER, *c'est* ÊTRE AIMANT; DORMIR, *c'est* ÊTRE DORMANT; LIRE, *c'est* ÊTRE LISANT. »

Nous avons à ce sujet quelques doutes, aussi peu importants que le sujet lui-même. Nous allons les exposer brièvement.

Ce verbe *être*, le seul de la langue, exprime-t-il l'idée d'existence, ou l'idée du rapport seulement, car ce sont deux idées distinctes?

S'il exprime seulement l'idée d'existence, il nous semble qu'il n'est pas l'expression de la pensée, car nous croyons impossible d'analyser ces réflexions : *Je pense, je veux, je me souviens;* elles sont simples, selon nous, indécomposables, et ne peuvent réellement, dans l'esprit, se diviser en : *J'existe pensant, j'existe voulant, j'existe me souvenant.* Quand je songe que Dieu est bon, je ne songe pas le moins du monde à la question de *l'existence de Dieu*, mais tout bonnement au *rapport* entre les idées déjà acquises sur Dieu, et une nouvelle idée que je leur associe, par le moyen du mot *est*.

Le verbe *être* n'exprime-t-il que ce rapport? Alors nous demanderons où est le verbe qui exprime l'existence; car il est absurde de traduire ces mots : *Dieu est*, par ceux-ci : *Dieu est existant*. Or, il est évident que dans cette phrase, *Dieu est*, ce mot *est* n'a pas du tout le même sens que dans l'autre : *Dieu est bon*.

Enfin ce verbe *être* exprime-t-il les deux choses, selon l'occasion? Alors il y a deux verbes dans la langue; ALORS POURQUOI PAS VINGT, POURQUOI PAS CENT ?

Nous croyons que chaque verbe est réellement et d'une manière indivisible l'expression d'une pensée indivisible; qu'il n'y a pas d'intermédiaire entre le sujet et sa manière d'être, sa situation, son action; que lorsqu'on dit : *Henri IV mourut assassiné*, on ne renferme qu'une idée sous ce mot *mourut*, et qu'on ne veut dire ni : *Henri IV mourant*, ni *Henri IV exista mourant*.

Nous soumettons aux maîtres en l'art de parler, cette opinion que nous partageons entièrement, et qui est celle d'un de nos plus savants professeurs de philosophie.

Nous ajouterons que cette opinion est aussi celle de Lemare, de Bescher et de quelques autres grammairiens philosophes, et nous terminerons par ce passage d'un académicien distingué, qui vient la confirmer :

« On a cru découvrir l'origine des conjugaisons dans

quelques inflexions des verbes grecs. On a dit que les Grecs n'avaient fait qu'ajouter à la fin du monosyllabe qui exprime une action ou un sentiment, les temps du verbe *eó*, qui signifie *être*. Ainsi, les mots *phileó, phileeis, phileei*, qui signifient en grec, *j'aime; tu aimes, il aime*, ne seraient que le mot *phil*, qui exprime l'amour, joint aux mots *eó, eis* ou *ei, je suis, tu es, il est*. On a donc voulu simplement dire : *Je suis faimant, tu es aimant*, etc. »

Au premier coup d'œil, cette explication est satisfaisante ; mais elle aurait de la peine à soutenir l'examen. Voici quelques-unes des objections qu'on peut y faire :

1° Il faudrait que les inflexions du verbe grec *eó*, qu'on remarque au présent de l'indicatif de certains verbes, se trouvassent aussi dans les autres temps; ainsi, par exemple, les Grecs disent *en* pour exprimer *j'étais*, il faudrait qu'ils eussent dit : *phileen*, et non pas *éphileon*, pour exprimer *j'aimais*.

2° Pour supposer que ce sont les temps du verbe *eó* qui ont servi à former les conjugaisons grecques, il faut commencer par admettre que les Grecs avaient déjà conjugué ce même verbe *eó*, c'est-à-dire qu'ils avaient déjà conçu l'idée de donner différentes inflexions au mot radical du verbe, pour lui faire exprimer les différents rapports du temps; or, c'est cette première conception qui fait tout le merveilleux. Dès qu'on a su conjuguer un verbe, il est aisé d'en conjuguer cent; et quand les inflexions du verbe *eó* auraient été ensuite appliquées à tous les temps des autres verbes, ce qui est bien éloigné d'être vrai, cela

prouverait seulement qu'on aurait suivi la même
forme pour la conjugaison de tous les verbes.

3° Si l'on fait réflexion que le verbe *être*, exprimant une idée très abstraite qui suppose déjà d'autres
idées abstraites et une langue très avancée, a dû être
UN DES DERNIERS INVENTÉS, on trouvera peu vraisem-
blable que ses modifications aient pu servir à former
celles des autres verbes. On peut assurer que la plupart des peuples sauvages n'ont point de mots pour
exprimer cette idée abstraite : nous avons une grammaire et un dictionnaire de la langue des Galibis, et
nous y trouvons que, pour exprimer *je suis malade*,
ils disent simplement *moi malade.* Ce ne serait que
par une connaissance exacte des langues sauvages
qu'on pourrait espérer d'arriver aux véritables principes de la formation des langues; mais cette connaissance est difficile à acquérir ; les rapports des voyageurs sont trop vagues et trop suspects.

(SUARD, *Mélanges de littérature*, tome II).

PAGE 20, N° 86.

« *Le* RÉGIME *est le mot qui* COMPLÈTE, *qui achève
« d'exprimer l'idée commencée par un autre mot.* »

MM. Noël et Chapsal sont restés fidèles à l'ancienne
nomenclature. Aujourd'hui le régime s'appelle *complément*, et cette dénomination nous paraît infiniment plus logique.

PAGE 21, N° 90.

« QUE *est toujours régime direct.* »

Que est-'l régime direct dans les phrases suivantes?

Et *que* peut me servir le destin le plus doux ?

(Th. Corneille.)

Que peut servir ici l'Égypte et ses faux dieux ?

(Boileau)

Où courez-vous ? ce n'est pas là *que sont les enne-mis.*

(Voltaire.)

C'est à vous *que* je veux parler.

PAGE 21 , Nº 92.

« Il y a cinq sortes de verbes adjectifs : le verbe AC-
« TIF, le verbe PASSIF, le verbe NEUTRE, le verbe PRO-
« NOMINAL, et le verbe UNIPERSONNEL. »

La dénomination d'*actif* est défectueuse, car presque tous les verbes expriment des actes. Celle de *transitif* ne serait pas plus logique. Nous hasardons la dénomination d'*objectif*.

Dans les langues désinentielles, on oppose le verbe actif *amo* au verbe passif *amor*, le premier exprimant l'action exercée, et le second l'action souffert par le sujet. En français nous n'avons pas de verbes passifs; nous y suppléons par une circonlocution qui a le verbe *être* pour base, et un adjectif qui est l'attribut d'état du sujet.

Quant à la dénomination de *neutre* donnée à certains verbes, elle serait bonne si elle pouvait signifier quelque chose dans notre grammaire. *Ni l'un ni l'autre*, dites-vous. Eh bien! qu'est-il donc? C'est un verbe d'action, répondrons-nous, qui n'a pas de régime, c'est-à-dire intransitif.

Beaucoup de grammairiens ont critiqué avec

raison la dénomination d'*impersonnel* donnée à
quelques verbes, attendu que cela signifie *verbe
sans personne*, ce qui serait faux, puisqu'il est à
la troisième. *Unipersonnel* n'est pas mieux trouvé,
puisque le même verbe, employé avec un sujet déterminé, peut se mettre aux trois personnes des deux
nombres; car si l'on dit : *il lui est venu quinze personnes*, on peut dire aussi : *quinze personnes lui sont
venues; nous sommes venus chez lui; vous êtes venu
lui demander à dîner.*

PAGE 22, N° 96.

« Le verbe *pronominal* est celui qui se conjugue
« avec deux pronoms de la même personne, comme
« *je me, tu te, il se, nous nous, vous vous, ils se : je
« me rappelle, tu te proposes, il se repent, nous nous
« parlons, vous vous taisez*, etc. »

Le verbe pronominal n'est pas du tout celui qui se
conjugue avec deux pronoms de la même personne;
car dans cette phrase : *je* LE LUI *donne*, il y a deux
pronoms de la même personne, qui pourraient s'y
trouver dans toute la conjugaison du verbe; il s'en
trouverait même trois dans IL LE LUI *donne;* cependant ce n'est pas un verbe pronominal. Si je dis
Pierre se loue, il n'y a qu'un pronom, et cependant
le verbe est pronominal. Donc votre définition est
fausse.

Cette observation a été faite avant nous par
M. Dessiaux, auteur de l'*Examen critique de la
Grammaire des Grammaires*, et l'on doit être étonné
que MM. Noël et Chapsal, qui n'ont fait qu'abréger
le grand ouvrage de Girault-Duvivier, n'aient pas
profité de cette critique.

— 43 —

PAGE 22, N° 97.

« Quelques verbes pronominaux ne peuvent s'em-
« ployer sans deux pronoms, tels sont *se repentir,*
« *s'abstenir, s'emparer, s'en aller,* etc. »

Où MM. Noël et Chapsal ont-ils vu que les verbes
qu'ils citent ne peuvent s'employer sans deux pronoms?
Il nous semble pourtant que, quand on dit *les cou-
pables se repentent, les juges se sont abstenus, les ennemis se sont emparés de la ville, mes amis se sont en
allés,* on ne fait usage que d'un seul pronom. Si cela
est, comme nous le pensons, nous en conclurons que
l'assertion de MM. Noël et Chapsal est fausse.

PAGE 22, N° 98.

« *Le verbe* UNIPERSONNEL *ne s'emploie, dans tous*
« *les temps, qu'à la troisième personne du singulier, et*
« *a toujours pour sujet apparent le mot vague il :*
« IL FAUT, IL Y A, IL IMPORTE, IL PLEUT, *etc.*

IL Y A, cher lecteur, IL Y A devenu un verbe, et
un verbe unipersonnel! Quant à *importe,* il s'emploie
avec d'autres mots que *il.* Ex. :

Cette affaire, que m'importe-t-elle ?
Ces affaires, que m'importent-elles ?
Votre affaire m'importe peu.
Vos affaires m'importent peu.

Il s'emploie même aussi sans sujet énoncé, comme
dans les vers suivants :

Qu'*importe* qu'au hasard un sang pur soit versé ?
(RACINE.)

Et que m'*importe* donc, dit l'âne, à qui je sois ?
(LA FONTAINE.)

Pleuvoir ne s'emploie pas toujours non plus avec *il*; Bossuet a dit : DIEU *pleut* sur le champ du juste comme sur celui du pécheur.

PAGE 25, N° 100.

« *Le nombre est la forme que prend le verbe pour in-* « *diquer son rapport avec l'unité ou la pluralité :* JE « CHANTE, NOUS CHANTONS, *etc.* »

L'unité ou la pluralité de quoi? Cette définition est défectueuse et partant inintelligible pour tout le monde. Nous la remplacerons par celle-ci :

Le nombre est la propriété qu'a le verbe de marquer par sa forme son rapport à un *sujet* singulier ou pluriel : *je chante, vous chantez.*

PAGE 24, N° 108.

« *L'infinitif signifie l'affirmation d'une manière in-* « *définie.* »

Entendons-nous. L'affirmation, en grammaire, est l'expression d'un jugement. Tout jugement a nécessairement un sujet ; tout sujet admet un nombre, une personne ; or l'*infinitif* n'admet rien de tout cela : comment peut-il donc signifier l'affirmation?

Dans ce vers de F. édéric :

Végéter, c'est mourir; beaucoup penser, c'est vivre.

il n'y a que deux propositions, c'est-à-dire, que deux affirmations. Cependant le sujet et l'attribut sont des infinitifs, d'où il faudrait conclure, d'après votre définition, que chaque hémistiche contient trois affirmations : *végéter, est, mourir;* absurde !

Les différentes formes des verbes ont donc été mal

classées. Nous pensons qu'on doit les distribuer ainsi : *radicaux, participes, modes.*

Les RADICAUX expriment d'une manière vague, abstraite, l'existence ou l'action : ce sont de vrais substantifs.

Les PARTICIPES marquent l'existence ou l'action comme qualificatives d'un objet quelconque ; ce sont pes adjectifs.

Les MODES sont les différentes manières de présenter l'affirmation.

Qu'est-ce que le verbe, maintemant, s'il n'exprime das toujours une affirmation ?

Le verbe est un mot qui seul peut marquer l'affirmation.

CHAPITRE VII.

DE L'ADVERBE.

PAGE 67, N° 193.

« L'adverbe *est un mot invariable qui modifie ou un* « *verbe* : il parle ÉLOQUEMMENT ; *ou un adjectif* : il est « TRÈS éloquent ; *ou un autre adverbe* : il parle BIEN « éloquemment. »

Si, de l'aveu même de MM. Noël et Chapsal (page 19, n° 82), il n'y a réellement qu'un seul verbe, qui est le verbe *être*, et que *parler* doive se décomposer par *il est parlant ;* il est hors de doute que, dans *il parle éloquemment* qui est la même chose que *il est* PARLANT ÉLOQUEMMENT, l'adverbe *éloquemment* ne modifie point le verbe, mais bien le participe *parlant.*

Il parle bien éloquemment devant se décomposer également, d'après MM. Noël et Chapsal (p. 68, n° 194), par *il parle d'une manière* BIEN *éloquente*, l'adverbe *bien* ne modifie que l'adjectif *éloquente.*

Donc l'adverbe ne modifie et ne peut jamais modifier que des adjectifs.

PAGE 68, N° 195.

« *Certains adjectifs s'emploient quelquefois comme* « *adverbes, c'est lorsqu'ils modifient un verbe.* »

Ajoutez *et un adjectif ;* car *ferme*, *haut*, etc., peuvent aussi modifier des adjectifs. » *Exemples :* TENU FERME, PLACÉ HAUT, *etc.*

PAGE 69, N° 198.

« *Un assemblage de mots qui servent* à qualifier
« *ou un verbe, ou un adjectif,* se nomment *locution*
« *adverbiale.* »

Qualifier est une faute ; il faut *modifier,* d'après la
définition même de l'adverbe, donnée plus haut par
MM. Noël et Chapsal.

Si ce sont les mots qui *servent* à modifier, c'est
l'assemblage de ces mots qui se *nomme* locution adverbiale ; donc, c'est un solécisme de mettre *nomment* au pluriel.

La même observation s'applique au n° 203, page
70, ainsi qu'au n° 207, p. 71.

CHAPITRE IX.

DE L'ORTHOGRAPHE.

PAGE 71, N° 210.

« *L'orthographe est l'art d'être correct dans l'em-*
« *ploi des caractères et des signes orthographiques.* »
Il était plus simple de dire comme l'Académie :
l'orthographe est l'art et la manière d'écrire les
mots d'une langue correctement, selon l'usage ; ou,
comme le disent MM. Noël et Chapsal eux-mêmes
dans leur Dictionnaire : l'orthographe est l'art
d'écrire correctement les mots d'une langue.

SECONDE PARTIE.

DE LA SYNTAXE.

CHAPITRE I.

DE LA PROPOSITION.

PAGE 84, N° 274.

« *On appelle* PROPOSITION *l'énonciation d'un juge-*
« *ment.* »

M. Vanier, ainsi que M. Ch. Martin, son écho,
ont attaqué cette définition, parce que, suivant eux,
toutes les propositions n'expriment pas des jugements.

Voici le raisonnement de M. Vanier :

« PROPOSITION, *s. f.* Du latin *propositio*, à la
lettre, *posé pour*. L'étymologie est le verbe *ponere*,
poser, et la préposition *pro*. Si nous consultons les
lexicographes et les grammairiens pour savoir d'eux
de quel objet ils entendent parler, qui est posé là,
tous vous diront : *c'est le jugement.* En effet, dirons-
nous, c'est le jugement, en tant que nous avons
jugé la chose. Quand je me suis assuré que le jour
est tombé, et qu'on ne voit plus clair, si je dis *il
est nuit*, c'est bien un jugement posé là devant la
personne à laquelle je parle, et à laquelle j'affirme
la chose. Maintenant si je suis au fond d'une carrière, ou à parcourir les vastes catacombes, et que

3

je dise à quelqu'un qui vient du dehors, *fait-il nuit?*
Va-t-on me persuader que c'est un jugement que je
porte? Je répondrais au pédant qui prétendrait me
le faire accroire: Si j'avais jugé la chose, m'infor-
merais-je si elle a ou n'a pas lieu? C'est positivement parce que je l'ignore, que j'en fais la question;
autrement je serais un fou à lier. Tous les fabricateurs de grammaires et de lexiques seraient autour
de moi, en me répétant: *c'est un jugement! c'est un
jugement!* qu'ils n'en seraient pas plus avancés pour
cela. Je fermerais les yeux, je me boucherais les
oreilles, et je me crierais à moi-même de toutes
mes forces: *c'est une question! c'est une question!*
Voilà de l'opiniâtreté, dira-t-on. Non, répondrai-
je, il n'y a d'opiniâtreté qu'à soutenir l'erreur; c'est
de l'énergie quand il s'agit de soutenir la vérité.
Entendons-nous sur les mots, autrement nous
ne parlerions plus la même langue. Qu'appelle-
t-on jugement? Rapportons-nous-en à l'idée que
nous avons dû nous former de ce mot, d'après
l'opinion que nous en ont donnée les philosophes.
C'est une chose jugée; c'est une affirmation
que le sujet est ou n'est pas de telle manière.
Mais avant d'en venir à cette solution, que le
sujet qui nous occupe est ou n'est pas ainsi, que
faisons-nous? Il est évident que nous balançons dans
notre tête les deux idées du sujet et de l'attribut;
que nous nous disons à nous-mêmes: ces deux idées
sont-elles ou ne sont-elles pas compatibles? Nous
appelons cela *penser.* Et le résultat de cette action,
comment l'appelons-nous? Une *pensée.* Arrivons-
nous toujours à ce résultat de certitude que nous
appelons jugement? Quelquefois non. Dès lors notre

pensée n'étant pas affirmative, elle ne peut pas être un jugement; car il n'y a jugement que là où l'esprit s'est fixé sur la convenance ou la disconvenance des idées. Mais une pensée, parce qu'elle n'est pas affirmative, en est-elle moins une pensée? Telle est la question qu'il faut se faire. Je la résous affirmativement, car le pensée n'a pas perdu le caractère de pensée pour cela. Ma pensée peut être un désir, un vouloir, un doute. Rien d'affirmatif quand je dis : *viens*, ou *que ne vient-il!* ou *qu'il vienne*, ou encore *vient-il?* Si l'on m'accorde que ces quatre expressions sont quatre propositions (et pourrait-on le nier?), alors je soutiens que *la proposition est l'énonciation d'une pensée*. Cette définition me semble exacte en ce qu'elle convient dans tous les cas à l'objet défini ; car, que la pensée soit affirmative, ou dubitative, ou volitive, ou interrogative, c'est toujours une pensée, et les mots dont je me sers pour la rendre forment ce qu'on appelle *une pensée exposée, mise devant ceux auxquels je l'expose*, ce qui se résume dans ce seul mot PROPOSITION. »

Nous avons déjà eu occasion de répondre à tous ces raisonnements de M. Vanier, qui nous paraissent tout-à-fait faux. Nous croyons qu'il ne sera pas sans intérêt de reproduire ce que nous avons dit. La question en vaut bien la peine.

Toutes les propositions, quelle qu'en soit la forme, expriment-elles des jugements?

Les grammairiens, ainsi que les logiciens de tous les temps et de tous les lieux, se sont unanimement accordés à définir la *proposition : l'expression d'un jugement.*

Cette définition, claire, précise, et qui nous fait, pour ainsi dire, pénétrer dans l'esprit, dans l'essence même du mot, ne semblait-elle pas devoir être à l'abri de toute atteinte, et la sanction qu'elle a reçue des siècles n'était-elle pas une garantie plus que suffisante de son exactitude?

Cependant quelques esprits récalcitrants, ou tourmentés du désir de faire du neuf à tout prix, de la soif d'innover, n'ont pas craint d'attaquer cette belle définition, qui, depuis Aristote jusqu'à Condillac, n'avait cessé d'obtenir l'assentiment universel.

Pleins d'une témérité que nous ne voulons pas qualifier, ils n'ont pas reculé devant le ridicule qui attendait inévitablement des gens assez osés pour venir dire à la face du monde que tous les philosophes de l'antiquité et des temps modernes n'avaient pas eu le sens commun!

Et leur attaque, en quoi consiste-t-elle?

Vraiment, nous avons presque honte de le dire. Ne pouvant s'en prendre à la définition en elle-même, qui est inattaquable, les nouveaux réformateurs l'ont poursuivie dans ses applications, ou, pour mieux dire, dans le petit nombre d'exemples dont elle est ordinairement accompagnée.

« Pour nous prouver, disent-ils aux philosophes
« qu'ils attaquent, pour nous prouver que la propo-
« sition est *l'expression d'un jugement*, vous nous
« citez ces phrases :

« *Pierre est prudent.*
« *L'homme est mortel.*

« C'est-à-dire que vous prenez pour exemples
« des jugements tout formés. Sans doute en pro-
« cédant ainsi vous avez beau jeu et votre triomphe
« est assuré.

« Mais que devient votre définition en présence
« des phrases interrogatives, des phrases où il entre
« un verbe à l'impératif, au conditionnel, au sub-
« jonctif? Quand nous disons : *Les habitants de la
« lune sont-ils blancs ou noirs?* Allez-vous nous
« persuader que c'est un jugement que nous por-
« tons? Nous répondrions à tous les pédants du
« monde qui prétendraient nous le faire accroire :
« Si nous avions jugé la chose, nous informerions-
« nous si elle est ou n'est pas telle? C'est positive-
« ment parce que nous l'ignorons, que nous en
« faisons la question; autrement nous serions des
« fous à lier. Tous les fabricateurs de grammaires
« et de lexiques seraient autour de nous, en nous
« répétant : *C'est un jugement! c'est un jugement!*
« qu'ils n'en seraient pas plus avancés pour cela.
« Nous fermerions les yeux, nous nous boucherions
« les oreilles, et nous nous crierions à nous-mêmes
« de toutes nos forces : *C'est une question! c'est une
« question !* »

Voilà qui ressemble fort à de l'obstination, ou
nous nous trompons beaucoup.

Mais laissons de côté la forme pour porter toute
notre attention sur le fond même de l'objection.

A entendre les nouveaux sectaires, il semblerait
que Port Royal, Dumarsais, Condillac, Beauzée et
tous nos plus grands métaphysiciens, ne sachant
que faire de ces myriades de phrases où le jugement
n'est pas exprimé d'une manière positive, auraient

pris à tâche de ne choisir pour exemples, pour preuves, que des jugements tout formés; c'est-à-dire qu'ils n'auraient considéré la proposition que sous un seul aspect, et, par suite, n'auraient donné de ce mot qu'une définition incomplète.

Cette accusation est grave, sans doute; mais est-elle fondée? Bien certainement que non, et nous allons le prouver.

En définissant la proposition *l'expression d'un jugement*, les grammairiens et les logiciens n'ont pas eu en vue telle ou telle sorte de propositions en particulier; leur intention était de les embrasser toutes, quelles que fussent d'ailleurs leurs formes. Ils n'ignoraient pas, ils ne pouvaient pas ignorer que toute définition rigoureuse et véritable doit non seulement exprimer le genre de l'espèce définie, mais pouvoir aussi s'appliquer à toutes les espèces appartenant au même genre.

Condillac n'entendait-il pas comprendre dans sa définition toutes les propositions en général, lorsqu'il dit : « Une proposition renferme toujours une « affirmation positive ou conditionnelle; et qu'il « ajoute : *Je ferais* affirme tout aussi bien que *je* « *fais;* mais l'affirmation n'est pas positive comme « dans l'indicatif; elle est conditionnelle : *je ferais,* « *si j'avais le temps.* »

] Beauzée avait-il donc aussi l'intention d'exclure es propositions interrogatives de celles qu'il avait définies, lui qui dit, dans l'Encyclopédie méthodique : « Toute proposition interrogative est *l'ex-* « *pression d'un jugement* sur lequel est incertain celui « qui la prononce, soit qu'il doute sur le sujet, ou

« sur l'attribut ; soit qu'il ait quelque incertitude sur
« la nature de la relation du sujet à l'attribut ? »

Destutt-Tracy n'a-t-il pas dit non plus expressément : « Toutes les fois que, dans le discours, il y a une proposition quelconque, il y a
aussi un *énoncé de jugement*, et rien autre chose.
« Dans ces phrases : *Je voudrais ; il faudrait que je*
« *fusse entendu ; que ne puis-je vous suivre ! faites ceci ;*
« *avez-vous fini?* ce sont autant de jugements portés
« sur moi-même que j'exprime, quelles que soient
« d'ailleurs les diverses manières dont ces idées
« soient rendues dans les différentes langues. Par leur
« forme elles sont conditionnelles, volitives, impéra-
« tives, interrogatives ; mais pour le fond elles sont
« toutes des énoncés de jugements. »

Les philosophes n'ont donc cherché à éluder aucune difficulté.

Après cela que penser de l'accusation de nos novateurs et de cette étrange sortie de M. Michel :
« Il n'est pas difficile, dit-il, d'avancer que la pro-
« position exprime un jugement, quand on ne prend
« pour exemples que des jugements. Les grammai-
« riens, les logiciens, les métaphysiciens ne sortent
« pas de là ; ils nous ravaleraient à la nature des ani-
« maux les plus stupides, par la manière dont ils ex-
« pliquent nos facultés ! »

Nous verrons tout à l'heure quel est le moyen
transcendant imaginé par ces messieurs pour relever
notre nature.

Maintenant qu'il est bien démontré que, dans la
pensée même de nos grammairiens philosophes, la
définition qu'ils ont donnée de la proposition doit
s'étendre à toutes en général, reste la question de

savoir si cette définition est juste. C'est ce qui va faire l'objet de notre examen.

Qu'est-ce qui distingue l'homme de tous les animaux ? N'est-ce pas parce qu'outre les impressions qui lui viennent des objets extérieurs et qui lui sont communes avec eux, il a encore la faculté de juger ? Juger, c'est le plus noble exercice de sa raison, la plus noble opération de son esprit. Or, si l'homme ne juge point, sa raison n'a plus aucun exercice ; elle demeure dans l'inertie ; elle sommeille, et le sommeil pour la pensée, tout le monde le sait, c'est le néant. L'homme en cet état est au-dessous du plus vil des animaux, car les animaux ont au moins l'instinct, à défaut de raison.

Dire que, dans les propositions qui marquent l'interrogation, le commandement, la volonté, etc., il n'y a point de jugement, c'est dire que pendant les trois quarts de son existence, l'homme ne vit que de la vie des brutes ; car que fait-il la plupart du temps, si ce n'est interroger, ordonner, vouloir ?

Comment ! quand je dis : *Les habitants de la lune sont-ils blancs ? Annibal a-t-il passé les Alpes au col de Suze ou au grand Saint-Bernard ?* je ne prononce pas de jugements ! Mais s'il en était ainsi, ce ne serait qu'un assemblage de mots vides d'idées et auxquels ils vous serait impossible, à vous de répondre, et, à moi, d'attacher aucun sens. Ces mots seraient exactement pour moi ce que sont pour le perroquet les paroles qu'il prononce, de purs sons. En vérité, il faut être bien matériel ou bien abandonné du jugement, pour ne voir dans les phrases citées d'autre valeur que celle que leur prêterait le petit signe orthographique qui les termine et qu'on

nomme point d'interrogation ! Comment ne pas voir
que ce signe à lui seul vaut déjà toute une proposition, et que par conséquent il est lui-même l'expression d'un jugement; en sorte qu'au lieu d'un seul jugement, chacune des phrases précitées en renferme
réellement deux : un pour le fait même, un autre
pour l'interrogation? En effet, le point interrogatif
n'est pas un signe muet, sans valeur : semblable à
ces traits tachigraphiques destinés à peindre des
mots entiers, ce signe renferme une pensée, qui,
dans le langage analytique, doit se traduire par ces
mots : *Je vous demande.* Les phrases en question, ra-
menées à leur intégrité logique, sont donc pour : *Les
habitants de la lune sont blancs, Annibal a passé les
Alpes au col de Suze, je vous le demande ;* ou *il les a
passées au grand Saint-Bernard, je vous le demande ;*
où vous voyez que je commence par dire de la manière
la plus positive, la plus affirmative, que les *habitants
de la lune sont blancs, qu'Annibal a passé les Alpes
au col de Suze* ou *au grand Saint-Bernard*, phrases
qui incontestablement sont autant de jugements; mais
comme je suis incertain sur ces jugements, je vous
interroge pour savoir s'ils sont exacts. C'est sur l'exactitude seule des jugements que je porte et qu'il faut
bien que j'aie préconçus et formulés, que tombe mon
interrogation. Et votre réponse, quelle qu'en soit
d'ailleurs la forme, ne signifiera jamais autre chose
que les jugements que vous venez d'énoncer et que
vous me soumettez sont vrais ou faux. Ainsi donc,
si, quand on dit : *Les habitants de la lune sont blancs,*
on affirme positivement que le fait est tel, on ne
l'affirme pas moins en disant : *Les habitants de la lune
sont-ils blancs ?* La seule différence qu'il y ait entre

ces deux propositions, c'est que, dans la dernière, on s'informe en outre si elle est exacte. Voilà tout. La preuve que l'interrogation suppose toujours une affirmation, c'est que souvent il nous arrive d'en faire, non pour marquer un doute réel, mais au contraire pour indiquer une persuasion plus grande, par l'espèce de défi que l'on paraît faire à l'auditeur de nier ce qu'on avance ; c'est ainsi que Massillon a dit en prenant le ton interrogatif : *Le Seigneur ne tient-il pas entre ses mains les cœurs de tous les hommes ?* N'est-ce pas dire énergiquement et affirmativement : *Le Seigneur tient entre ses mains les cœurs de tous les hommes ?*

On retrouvera également le jugement dans ces phrases : *Il faut qu'on l'écoute, je veux qu'il parte,* car ces dernières propositions *on l'écoute, il parte,* sont des jugements tout aussi bien que *cela est vrai* en est un dans : *Je crois que cela est vrai. Il faut qu'on l'écoute, je veux qu'il parte,* équivalent à : *on l'écoutera, il le faut ; il partira, je le veux.* Les propositions subjonctives sont donc des énoncés de jugements.

Il en est de même des propositions optatives : *Que ne puis-je vous suivre !* Cette locution ne veut-elle pas dire : *Je suis affligé de la circonstance qui fait que je ne puis vous suivre,* ou, tout simplement, *je ne puis vous suivre, et j'en suis affligé.* Or, ce sont bien là encore des énoncés de jugements.

Nous ferons la même remarque à l'occasion des phrases impératives : *Faites ceci, allez-là,* signifient : *vous ferez cela, vous irez là, je le veux, je l'ordonne.* Ce sont encore des jugements.

Comme on le voit, il n'y a pas de propositions aux-

quelles le jugement s'applique exclusivement. Le jugement est partout, et dans tout ce qui vient de
l'homme. Il est empreint, il est gravé sur chacun
des actes de sa pensée. L'homme sent une multitude
infiniment variée de rapports; il les perçoit, il les
affirme. Malheureusement, il n'est pas toujours sûr
de la justesse des rapports qu'il sent, qu'il perçoit,
qu'il affirme. Voilà pourquoi il lui arrive souvent
d'interroger les autres pour savoir si ces rapports
existent réellement tels qu'il les sent, qu'il les perçoit, qu'il les affirme. Mais l'interrogation ne peut
pas détruire le sentiment, la perception, l'affirmation des rapports; car sur quoi porterait-elle ? L'interrogation n'étant en elle-même qu'une simple
forme, cette forme doit appartenir à un corps quelconque. L'interrogation doit donc de toute nécessité
avoir pour base, pour matière, pour fond, un rapport, un rapport senti, perçu, affirmé ! C'est là une
vérité palpable, et les hommes de génie ne l'ont pas
méconnue. Aussi leur définition est-elle l'écho vivant
de la nature.

C'est donc parce qu'ils se sont laissé dominer par la
forme plutôt que par le fond de la pensée, que certains hommes, heureusement en très petit nombre,
ont cru devoir attaquer cette définition et reléguer le
jugement dans une seule sorte de propositions. Mais
où tend la doctrine de ces Luthers de la syntaxe?
c'est ce qu'il importe de signaler. Elle ne tend à
rien moins qu'à détrôner le jugement, qu'à nous faire
croire, comme l'a dit avant nous un profond pen-
seur, que dans les pages immortelles de Racine, de
Boileau, de Voltaire, de Chateaubriand, d'Andrieux,
de Casimir Delavigne et de Béranger, le jugement

n'apparaît qu'à de longs intervalles, et n'y joue qu'un très petit rôle.

Oui, l'anéantissement du jugement, telle est la grande recette, le moyen transcendant que ces messieurs ont imaginé et qu'ils proposent pour relever notre nature.

Mais nous osons attendre de la dignité de nos lecteurs qu'ils repousseront un pareil moyen comme une offense faite à leur propre dignité. L'adopter, ce serait nous ravaler, ce serait nous dépouiller de cette raison dont nous devons être si fiers, puisque c'est elle qui nous place au premier rang des êtres créés. Ne craignons donc pas de dire que le jugement marque de son sceau indélébile chacun des actes de notre pensée, et laissons les détracteurs de cette noble faculté *se fermer les yeux, se boucher les oreilles ;* c'est ce qu'ils peuvent faire de mieux ; car à quoi peuvent servir les sens, quand on a renoncé au jugement ?

CHAPITRE II.

DU SUBSTANTIF.

PAGE 98, N° 527.

« Amour, délice *et* orgue *sont masculins au sin-*
« *gulier, et féminins au pluriel :* un amour violent
« de folles amours ; un délice, de grandes déli-
« ces ; un bel orgue, de belles orgues. »

Occupons-nous d'abord du mot *amour.* Est-il bien
vrai, comme l'avancent MM. Noël et Chapsal, que
ce mot soit toujours masculin au singulier et féminin au pluriel ? Nous craignons beaucoup qu'ils
n'aient cédé ici au désir de donner une règle bien
simple, et qu'ils n'aient par là manqué à la vérité et
à l'usage de nos meilleurs écrivains. En effet, ouvrez les écrivains, et vous verrez qu'au pluriel ils
ont généralement fait *amour* des deux genres, en
prose comme en poésie :

EXEMPLES DU MASCULIN.

Les *amours* d'Astarbé n'étaient *ignorés* que de Pyg-
malion.   (Fénelon.)

Les déréglements des Chananéens et leurs *amours
monstrueux.*   (*Lettres de quelques Juifs.*)

Des *amours* de voyage ne sont pas faits pour durer
                    (J.-J. Rousseau.)

Les *amours* des animaux comme *ceux* des végétaux sont *réglés* sur les diverses périodes du soleil et de la lune. (BERNARDIN DE SAINT-PIERRE.)

Ce n'était pas le Dante d'une Florence énervée ; c'était le Tasse d'une patrie perdue, d'une famille de rois proscrits, chantant ses *amours trompés.*

(CHATEAUBRIAND.)

O ma chère Sion ! si tu n'es pas toujours
Et nos premiers regrets et nos *derniers amours.*

(DELILLE.)

Un rêve du matin, qui commence éclatant,
Par de *divins amours* dans un palais flottant,

(LAMARTINE.)

Que de la vérité les vers soient les esclaves ;
De ses chastes faveurs faisons nos *seuls amours.*

(CASIMIR DELAVIGNE.)

EXEMPLES DU FÉMININ.

Adrien déshonora son règne par des *amours monstrueuses.* (BOSSUET.)

Areskoui, démon de la guerre, Athaïnsic, qui excite à la vengeance, le génie des *fatales amours,* mille autres puissances infernales se lèvent à la fois.

(CHATEAUBRIAND.)

Il n'est aucun insecte dont les *amours* soient aussi *cachées* que *celles* des mouches à miel. (DELILLE.)

Le rossignol élève ses concerts dans les bocages témoins de ses *premières amours.* (AIMÉ MARTIN.)

Mais, hélas ! il n'est point *d'éternelles amours.* (BOILEAU.)

Les *premières amours* tiennent terriblement. (QUINAULT.)

La règle que donne M. Boniface nous paraît plus exacte que celle de MM. Noël et Chapsal. La voici : au singulier, *amour* n'est plus que masculin ; au pluriel, dans le sens de *passion*, il est généralement des deux genres, mais plus souvent féminin. Cependant, quand il ne s'agit point de la passion d'un sexe pour l'autre, *amour* est masculin.

D'ailleurs, en disant qu'*amour* est toujours féminin au pluriel, MM. Noël et Chapsal auraient dû prévenir au moins qu'il est masculin quand il désigne de petits dieux de la mythologie : *peindre, sculpter des amours, de* PETITS *amours.* (ACADÉMIE.)

Quant à *délice*, MM. Noël et Chapsal ne parlent nullement de la difficulté qu'offre l'emploi de ce mot lorsqu'il est précédé de l'expression *un de*. C'est une omission que nous croyons devoir réparer. Nous pensons donc que le masculin est préférable, et qu'il vaut mieux dire : *un de mes plus grands délices*. C'est ainsi que J.-J. Rousseau a dit : *Un de mes plus grands délices était surtout de laisser toujours mes livres bien encaissés, et de n'avoir point d'écritoire.*

Pour ce qui est du mot *orgue*, MM. Noël et Chapsal ont commis plusieurs omissions.

1° Ils ont oublié de dire que si l'on parlait de l'orgue de Lubeck, de celui de Milan, de celui de Rome, etc., comme ces orgues sont réellement admirables, on peut employer le masculin, même au pluriel, et dire : *tous ces orgues si parfaits sont de grands chefs-d'œuvre.* (CHATEAUBRIAND.)

2° Ils ont également oublié de dire que, précédé de *un de*, orgue doit s'employer au masculin : *l'orgue de Saint-Marc à Venise est un des plus beaux orgues de toute l'Italie.* (CHATEAUBRIAND.)

Telle est du moins l'opinion de tous les grammairiens, et notamment de Domergue. C'est déjà une bizarrerie, dit-il, de donner à un substantif un genre au singulier et un autre genre au pluriel; et nous croyons qu'elle serait bien plus choquante, si l'on présentait dans la même phrase le même substantif sous deux genres différents. Nous sommes d'avis que, dans ce cas, *orgue* ne doit adopter qu'un seul genre, et c'est le masculin, parce que, ayant été employé le premier, c'est à lui de déterminer l'ordre.

PAGE 98, N° 529.

« AIGLE *est féminin dans le sens d'enseigne :* L'AIGLE
« ROMAINE, L'AIGLE IMPÉRIALE. *Dans toute autre accep-*
« *tion, il est masculin :* L'AIGLE FIER ET COURAGEUX ;
« LE GRAND AIGLE DE LA LÉGION D'HONNEUR , C'EST
« UN AIGLE, *en parlant d'un homme d'un mérite trans-*
« *cendant.* »

Aigle n'est pas féminin seulement dans le sens d'enseigne. Ce mot est aussi féminin 1° quand il désigne précisément la femelle de l'oiseau de proie : *l'aigle est furieuse lorsqu'on lui ravit ses aiglons.*

(BUFFON.)

2° En termes d'armoiries, de blason, de devises, de constellation : *une aigle qui s'élève* au-dessus des nues est la devise de ceux qui acquièrent de la gloire dans une vie retirée et cachée.

(DICTIONNAIRE DE TRÉVOUX.)

3° Enfin, toutes les fois qu'il désigne une espèce de poisson : *Il n'est pas surprenant que, dès le siècle d'Aristote, une espèce de raie ait reçu le nom d'aigle marine que nous lui avons conservé.* (LACÉPÈDE.)

PAGE 98, N° 531.

« COUPLE, *marquant le nombre deux, est féminin :*

« UNE COUPLE D'OEUFS, UNE COUPLE DE CHAPONS ;
« *marquant l'union, l'assemblage, il est masculin :*
« *voilà* UN COUPLE BIEN ASSORTI. »

Si tout ce qui concerne cet article est juste, dit
M. Dessiaux, il y a des fautes dans les passages suivants, où il n'est question ni d'amants, ni d'époux.

> Pauvres gens, idiots, *couple ignorant* et rustre.
> (LA FONT., *le Meunier, son Fils et l'Ane.*)

> *Certain couple* d'amis en un bourg établi.
> (Le même, VII, fab. XII.)

> Témoin *ce couple* et son salaire.
> (Le même, *la Vieille et les deux Servantes.*)

Il s'agit des deux servantes.

> L'honneur, cher Valincourt, et l'équité, sa sœur....
> Tout vivait en commun chez ce *couple* adoré.
> (BOILEAU, Sat. XI.)

Définition du mot COUPLE.

Couple est du masculin, quand il désigne deux
êtres animés ou supposés tels, unis par la volonté,
par un sentiment ou par toute autre cause qui les
rend propres à agir de concert.

Couple est du féminin, quand il désigne seulement
deux êtres animés ou inanimés, de la même espèce,
unis accidentellement.

D'après cette distinction, UN COUPLE *d'amis* désigne deux personnes unies par l'amitié : *Oreste et
Pylade* étaient UN COUPLE *d'amis.* UNE COUPLE *d'amis*
sont deux amis pris dans la généralité des hommes
qui méritent ce titre : en nommant Euryale et Pylade, je cite UNE COUPLE *d'amis.*

M. Bescher ajoute : On dira de deux chiens ac-
couplés : *voilà* UN BEAU COUPLE *de chiens,* comme on
le dit de bœufs, de chevaux ; cependant il est assez
d'usage dans la campagne de dire UNE PAIRE *de bœufs
attelés.* Mais le mot *paire* ne conviendrait ni à deux
chevaux, ni à deux chiens.

1° Au lieu du mot *paire,* qui est du style familier,
on emploie, en poésie, le mot *couple :*

Il dit, et de ses mains fait tomber sur le sable
De cestes menaçants *un couple* épouvantable.
(DELILLE, Én. V.)

2° Dans la conversation et dans le style épistolaire,
on dit quelque fois *une* PAIRE *d'amis :*

« Dites, je vous prie, à cette PAIRE de loyaux chevaliers combien je suis reconnaissant de leurs bon-
tés. »
(VOLTAIRE, Lett. à Thiériot., 25 déc. 1735.)

Il faut beaucoup de réserve dans cet emploi : on
ne dirait point *une* PAIRE *d'amants, d'époux.*

PAGE 99, N° 335.

« EXEMPLE *est féminin, lorsqu'il représente un*
« *modèle d'écriture : voilà une belle* EXEMPLE *d'an-*
« *glaise.* »

L'Académie réfute elle-même cette règle, en disant : *exemple,* masculin, en fait d'écriture, signifie
le patron, le modèle sur lequel l'écolier qui apprend
à écrire forme ses caractères : *son maître lui donne
tous les jours de nouveaux exemples. — Un bel exemple d'écriture anglaise, de ronde, de coulée, etc.* Il se
dit aussi des lignes, des caractères que l'écolier

forme sur ce modèle : *l'exemple qu'il a fait est mal écrit.*

L'Académie ajoute seulement que, dans ces deux exceptions, *quelques-uns* font *exemple* féminin.

Il faut donc suivre la règle de l'Académie, et ne pas s'occuper de ce que font *quelques-uns*, au nombre desquels se trouvent MM. Noël et Chapsal. Il est ridicule, a dit M. Charles Nodier, de réformer un principe sur la foi d'un maître d'écriture.

PAGE 99, N° 334.

« FOUDRE, *employé au propre, est féminin : la foudre est tombée.* »

« FOUDRE, *employé au figuré, est masculin : un foudre d'éloquence, un foudre de guerre.*

« FOUDRE, *accompagné d'un adjectif, prend les deux genres : la foudre vengeresse, les foudres menaçants.* »

Ces règles nous semblent peu exactes ; nous leur substituerons les suivantes :

Foudre, dit M. Braconnier, est régulièrement féminin au propre et au figuré. *Les prières ferventes apaisent Dieu et lui arrachent* LA FOUDRE *des mains.* (Acad.) LA FOUDRE *est dans ses yeux, la mort est dans ses mains.* (VOLTAIRE.) *Les* FOUDRES *de Rome, quand* ELLES *sont injustes, ne sont que les foudres de Salmonée.* (Mézerai.)

Mais si FOUDRE entraîne après lui l'idée d'une imagination fortement ébranlé, d'une crise violente où l'âme semble chercher un langage à part, il devient alors masculin, soit au propre, soit au figuré. SENS

PROPRE : *On m'y verra braver ces* FOUDRES IMPUIS-
SANTS *qu'en leurs mains vous peignez.* (CORNEILLE.)

Ses regards éblouis
Ne distinguèrent point, au fort de la tempête,
Les FOUDRES MENAÇANTS qui grondaient sur sa tête.
(VOLTAIRE.)

SENS FIGURÉ : *Mânes des grands Bourbons,* BRIL-
LANTS FOUDRES *de guerre.* (CORNEILLE) *Songez qu'un
grand homme ne doit point redouter les* VAINS FOU-
DRES *de Rome.* (VOLTAIRE.) *La valeur d'Alexandre
était à peine connue,* CE FOUDRE *était encore* EN-
FERMÉ *dans la nue.* (RACINE.)

Comment! des animaux qui tremblent devant moi!
Je suis donc UN FOUDRE de guerre? (LA FONTAINE.)

PAGE 99, N° 535.

« — *Gens* veut au féminin tous les correspondants
« qui précèdent, et au masculin tous ceux qui sui^s
« vent : *les* VIEILLES *gens sont* SOUPÇONNEUX ; TOUTE
« *les* MÉCHANTES *gens.* Cependant, au lieu de *toutes*,
« on emploie *tous*, 1° quand cet adjectif est le seul
« qui précède le substantif *gens* : TOUS *les gens qui*
« *pensent bien,* TOUS *les gens d'esprit* ; 2° quand *gens*
« est précédé d'un adjectif qui n'a qu'une seule et
« même terminaison pour les deux genres, comme
« *aimable, brave, honnête,* etc.: TOUS *les honnêtes gens,*
« TOUS *les habiles gens.* »

Les adjectifs qui précèdent le mot *gens* peuvent
quelquefois être mis au masculin. On dit : QUELLES
gens, MAINTES *gens,* CERTAINES *gens sensés,* parce
que le mot *gens* est vague ; mais si le mot *gens* éveil-
lait nécessairement l'idée du substantif *hommes,*

alors on dirait QUELS *gens*, MAINTS *gens*, CERTAINS
gens. Exemples : CERTAINS GENS *de lettres*, QUELS
GENS *d'affaires*, etc. L'usage n'excepte que le mot
tous, qui ne varie pas dans cette circonstance : on
dit à l'indéfini TOUT *les gens sensés, raisonnables ;* encore faut-il qu'il soit suivi d'un déterminatif.

(DESSIAUX.)

Quant à *tous*, il peut aussi se mettre au féminin ;
La Fontaine a dit, en parlant du chat, du hibou, de
la belette et du rat : *toutes gens d'esprit scélérat.*

PAGE 99, N° 556.

« HYMNE *qu'on chante à l'église est féminin, hors*
« *là il est masculin.* »

L'usage, dit Ch. Nodier, a consacré ces exceptions ; mais il y a plusieurs sortes d'usages : celui qui
crée les langues, et celui qui les dénature. Une fois
que le genre d'un mot est établi, tout usage qui con-
trevient à cette règle est vicieux ; et il est ridicule
de réformer un principe sur la foi d'un maître d'é-
criture ou d'un sacristain qui ne sait pas le français.

En effet, il est faux de dire que *hymne* est seulement féminin quand il désigne un chant d'église. Le
genre ne dépend point ici de la signification de chant
sacré ou de chant profane ; cette distinction est une
grande erreur : *hymne* est régulièrement féminin,
dans tous les sens qu'on lui donne. Ici la forme est
tout, la signification n'est rien. L'*e* muet final est là
dans sa toute-puissance :

« Lorsqu'au milieu des lampes, des masses d'or,
« des flambeaux, des parfums, aux soupirs de l'or-

« gue, au balancement des cloches, au frémisse-
« ment des serpents et des basses, *cette hymne* fai-
« sait raisonner les vitraux, les souterrains et les
« dômes d'une basilique, etc. »

(*Génie du Christianisme.* Te Deum.)

« Transportez-vous en pensée dans l'ancien
« monde, pour vous faire une idée de ce qu'il dut
« éprouver, lorsqu'au milieu *des hymnes obscènes,*
« *enfantines ou absurdes* à Vénus, à Bacchus, à Mer-
« cure, à Cybèle, il entendit des voix graves chan-
« tant au pied d'un autel nouveau : O Dieu, nous
« te louons ! O Seigneur, nous te confessons ! O
« Père éternel, toute la terre te révère ! »

(*Études historiques.*)

Ces beaux exemples, empruntés au plus grand
génie de notre époque, ne peuvent être suspects,
et ils prouvent évidemment combien la règle de
MM. Noël et Chapsal est vicieuse. Nous croyons
que voici comment il faut procéder :

Hymne est régulièrement féminin, à cause de sa
terminaison :

« Un dimanche de l'Avent j'entendis de mon lit
« chanter *cette hymne* avant le jour, sur le perron
« de la cathédrale, selon un rite de cette église-là. »

(J.-J. ROUSSEAU.)

Quelle sera la hauteur
De *l'hymne* de ta victoire,
Quand *elle* aura cette gloire
Que Malherbe en soit l'auteur.

« Si quatre vierges, vêtues de lin et parées de
« feuillages, apportaient la dépouille d'une de leurs
« compagnes, dans une nef tendue de rideaux blancs,

« le prêtre récitait à haute voix sur c. t'e jeune cen-
« dre *une hymne* à la virginité. »

(CHATEAUBRIAND.)

Mais si *hymne* offre l'idée d'un délicieux abandon
de l'âme dans un heureux instant de délire, de l'al-
légresse d'un cœur plein d'une vive reconnaissance ;
ou bien désigne-t-il un chant violent, comme un
cri de joie dans un festin, un cri de victoire sur un
champ de bataille, un cri de douleur sur un tombeau ? Ici, il y a une force à exprimer, et la masculinité apparaît comme une admirable harmonie :

Encore *un hymne*, ô ma lyre !
Un hymne pour le Seigneur,
Un hymne dans mon délire,
Un hymne dans mon bonheur.

(LAMARTINE.)

« O toi qui nous as faits ! en composant un discours
« si saint, je crois chanter *un véritable hymne* à ta
« gloire. »

(GALIEN.)

« Quelles étaient ces institutions des Amphion,
« des Cadmus, des Orphée ? Une belle musique ap-
« pelée Loi, des danses, des cantiques, quelques
« arbres consacrés, des vieillards conduisant des
« enfants, *un hymne formé* auprès d'un tombeau, la
« religion et Dieu partout. »

(CHATEAUBRIAND.)

Comme la masculinité s'harmonise parfaitement
avec la grandeur et la majesté des idées qui l'envi-
ronnent !

Boileau traduisait sans doute le développement

d'une grande force , lorsque , dans son épigramme
sur Santeul , il fit *hymne* masculin :

A voir de quel air effroyable,
Roulant les yeux, tordant les mains,
Santeul nous lit *ses hymnes vains,*
Dirait-on pas que c'est le diable
Que Dieu force à louer les saints ?

On peut très fréquemment rencontrer *hymne*
avec une masculinité peu motivée. Cela vient sans
doute du respect que certains auteurs ont toujours
eu pour la décision de l'Académie. Pour nous cette
décision n'est plus une loi ; nous lui substituons
l'harmonie que nous avons indiquée , et dont nous
offrons un nouvel exemple.

Lamartine , dont l'expression est aussi pure que
la pensée, emploie la masculinité, quand *hymne* rappelle une idée religieuse et grave , imposante et sublime:

Le temple de Sion était dans le silence ;
Les saints hymnes dormaient sur les harpes de Dieu.
Les foyers odorants, que l'encensoir balance,
S'éteignaient ; et l'encens , comme un nuage immense ,
S'élevait en rampant sur les murs du saint lieu.

« Toutes leurs pensées se convertissent en en-
« thousiasme et en prière ; toute leur existence est
« *un hymne muet* à la divinité et à l'espérance. »

Cette masculinité est vraiment admirable ; elle
nous fait comprendre pourquoi quelques grammairiens rejetaient la féminité : c'est que le masculin
est réellement sublime. Cependant notre grand poète
n'est pas exclusif. Quand il nous peint son Harold
touchant au sol de la Grèce, et apercevant sur le ri-

vage un pontife, des femmes, des vierges, des enfants qui paroissaient célébrer des funérailles,
comme il n'y a rien ici de fort, de violent, d'extra-
ordinaire, il emploie la féminité :

..... De plus près le vent soufflant du bord
Aux oreilles d'Harold porte *une hymne* de mort.

Mais quand le poète nous représente l'infortunée
Sapho toute prête à se précipiter dans les flots du
haut du promontoire fatal, et qu'il lui fait dire aux
jeunes filles qui l'accompagnent :

Et vous, pourquoi ces pleurs ? pourquoi ces vains sanglots ?
Chantez, chantez *un hymne*, ô vierges de Lesbos !

Ici la masculinité est d'une grande énergie ; elle
devient un des accents du désespoir de cette femme
qui succombe sous les coups d'un aveugle destin.

PAGE 99, N° 557.

« *Quelque chose* est du genre masculin, lorsqu'il
« signifie *une chose* : il *a fait quelque chose qui mé-*
« *rite d'être* BLAMÉ, c'est-à-dire, *il a fait une chose*
« *qui mérite,* etc. Il est du féminin, quand il veut dire
« *quelle que soit la chose: quelque chose qu'il ait* DITE,
« *on ne lui a pas répondu.* »

On voit que MM. Noël et Chapsal ont eu soin de
ne pas terminer leur phrase, en la coupant par un
et cetera. Ils se sont aperçus qu'ils seraient obligés
d'écrire le participe *blâmé* au féminin, ce qui serait
loin de justifier que *quelque chose* est masculin,
quand il signifie une chose.

Voici la règle que nous proposerons.

Quelque chose n'est féminin que lorsqu'il est suivi

4

d'un verbe au subjonctif : *quelque chose qu'il ait dite ; quelque chose que vous ayez promise, donnez-la ; quelque chose qu'il eût faite, il ne la niait jamais.*

(LEMARE.)

Dans tous les autres cas, *quelque chose* est toujours du masculin : *je prenais souvent plaisir à blâmer publiquement quelque chose qu'il avait fait.* (FÉNELON.) *Quand vous avez résolu quelque chose, exécutez-le avec rigueur* (Id.) *Quelque chose de bon, de beau.*

PAGE 99, Nᵒˢ 339 ET 340.

« Bien qu'il y ait pluralité dans l'idée, certains « substantifs ne prennent pas la marque du pluriel ; « tels sont les noms propres, dont on ne doit point « dénaturer l'orthographe : *L'Espagne s'honore d'a-* « *voir vu naître les deux Sénèque. Les deux* CORNEILLE « *sont nés à Rouen.* Excepté quand ils sont em- « ployés comme *noms communs,* c'est-à-dire, pour « désigner des individus semblables à ceux dont on « emploie le nom : *la France a eu ses* CÉSARS, *ses* « POMPÉES ; c'est-à-dire, des généraux comme CÉ- « SAR et comme POMPÉE. *Un coup d'œil de Louis en-* « *fantait des Corneilles* (DEL.), c'est-à-dire, des poë- « tes comme CORNEILLE.

« *Remarque.* Quelquefois les noms propres, « quoique ne désignant qu'un seul individu, sont « précédés de l'article *les :* LES *Corneille et* LES *Racine* « *ont illustré la scène française.* On reconnaît alors « qu'il y a unité dans l'idée quand le sens permet « de supprimer l'article *les ;* ici on peut dire : *Cor-* « *neille et Racine ont illustré la scène française.* »

Quoique le substantif propre ne doive point varier, on écrit cependant, avec le signe de la pluralité : les *Césars*, les *Gracques*, les *Horaces*, les *Scipions*, les *Stuarts*, les *Guises*, les *Condés*, les *Bourbons*, et quelques autres, soit à l'imitation des Latins, qui, dans tous les cas, employaient le pluriel; soit parce que la plupart de ces mots sont plutôt des titres, des surnoms que des noms; plusieurs même ne sont plus des noms individuels, car ils désignent certaines classes d'individus, certaines familles. Voici des exemples qui ne laissent aucun doute :

Les pyramides de l'Égypte s'en vont en poudre, et les graminées du temps des *Pharaons* subsistent encore.

(BERN. DE St-PIERRE.)

Dans le deuxième livre des Géorgiques, le poète salue l'Italie, mère des héros; l'Italie qui a porté dans son sein les Décius, les *Camilles*, les Marius, les infatigables *Scipions*, et César-Auguste, le plus grand des Romains.

(TISSOT.)

La Seine a des *Bourbons*, le Tibre a des *Césars*.
(BOILEAU.)

Enfin, pour sa clémence extrême,
Buvons au plus grand des *Henris*;
A ce Roi qui sut, par lui-même,
Conquérir son trône et Paris.

(BÉRANGER.)

Les deux *Gracques*, en flattant le peuple, commencèrent les divisions qui ne finirent qu'avec la république.

(BOSSUET.)

France, du milieu des alarmes,
La noble fille des *Stuarts*,
Comme en ce jour qui voit ses larmes,
Vers toi tournera ses regards.

(BÉRANGER.)

Ma gloire a disparu comme une ombre légère ;
Autour de moi je vois épars
Les antiques débris du trône des *Césars*,
Enseveli dans la poussière.

(CAS. DELAVIGNE.)

Tels étaient ces d'*Aumonts*, ces grands *Montmorencys*,
Ces *Créquis* si vantés renaissants dans leurs fils.

(VOLTAIRE.)

Des *Guises* cependant le rapide bonheur
Sur son abaissement élevait leur grandeur.

(ID.)

Ces braves chevaliers, les *Guises*, les d'*Aumonts*,
Les grands *Montmorencys*, les *Sancis*, les *Crillons*
Lui jurent de le suivre aux deux bouts de la terre.

(ID.)

Dis-lui que l'amitié, l'alliance et l'amour,
Ne peuvent empêcher que les trois *Curiaces*
Ne servent leur pays contre les trois *Horaces*.

(CORNEILLE.)

PAGE 100, Nos 341, 542.

« Les substantifs empruntés des langues
« étrangères, et qu'un fréquent usage n'a pas en-
« core francisés, sont invariables : des *alléluia*, des
« *ave*, des *auto-dafé*, des *alinéa*, des *Te-Deum*, des
« *post-scriptum*, etc.

« L'Académie écrit des *factums*, des *débets*, des
« *bravos*, des *opéras*, parce que ces mots ont fré-
« quemment employés. »

Cet article est bien incomplet, et puisque MM. Noël

et Chapsal faisaient tant que de citer l'Académie, ils auraient bien dû nous donner une liste un peu plus étendue.

Or, l'Académie écrit au singulier comme au pluriel, et sans ajouter le signe de ce dernier nombre :

Un et des	*Un et des*
Accessit.	In-folio.
Agenda.	In-octavo.
Alibi.	In-quarto.
Alinéa.	Lavalo.
Alleluia.	Lazzi.
Aparté.	Memento.
Auto-da-fé.	Nota.
Ave.	Pater.
Concerto.	Post-scriptum.
Concetti.	Quatuor.
Déficit.	Quintilli.
Duplicata.	Quiproquo.
Errata.	Recto.
Et cetera.	Solo.
Exeat.	Te Deum.
Ex-voto.	Verso.
	Vivat.

Mais elle écrit avec le signe de la pluralité :

Un et des	*Un et des*
Un alguazil.	Des alguazils.
Un alto.	Des altos.
Un bifteck.	Des biftecks.
Un bravo.	Des bravos.
Un club.	Des clubs.
Un duo.	Des duos.
Un factum.	Des factums.
Un factotum.	Des factotums.
Un folio.	Des folios.
Une lady.	Des ladys.
Un macaroni.	Des macaronis.
Un numéro.	Des numéros.
Un opéra.	Des opéras.
Un panorama.	Des panoramas.
Un pensum.	Des pensums.
Un piano.	Des pianos.
Un placet.	Des placets.
Un quidam.	Des quidams.

Un quolibet.	Des quolibets.
Un récépissé.	Des récépissés.
Un sofa.	Des sofas.
Un sénatus-consulte.	Des sénatus-consultes.
Un spécimen.	Des spécimens.
Un tilbury.	Des tilburys.
Un toast.	Des toasts.
Un trio.	Des trios.
Un zéro.	Des zéros.

PAGE 100, N° 344.

« Les substantifs composés qui ne sont pas
« encore passés à l'état de mots, etc.... »

Conçoit-on des *substantifs* qui ne sont pas encore
passés à l'état de *mots!* Voilà un langage passablement ridicule.

PAGE 101, N° 345.

« Dans *grand'mères, grand'messes,* l'adjectif
« reste invariable *par raison de* prononciation. »

Par raison de prononciation! si c'est là du français, il est bien mauvais.

PAGE 100 à 102, N° 344 à 350.

« Orthographe des noms composés. »

MM. Noël et Chapsal et presque tous les grammairiens qui ont traité ce sujet commencent par
établir pour règle que *tout nom composé doit s'écrire,
dans chacune de ses parties, au singulier ou au pluriel, selon que le sens ou la nature des mots partiels
exige l'un ou l'autre nombre.* Puis, lorsqu'ils en viennent aux détails, ils donnent des décompositions qui
sont évidemment en contradiction avec cette même
règle, ce qui ne peut que jeter les élèves dans la plus

grande incertitude; c'est ainsi, par exemple, que *
suivant eux, des *boute-en-train* sont *des hommes qui*
BOUTENT *les autres en train*; des *brise-cou*, des *escaliers où l'on court risque de se briser le cou, si l'on n'y
prend pas garde*; des *porte-clefs*, des *gens ui* POR-
TENT *les clefs*, etc., etc. On conviendra que ce sont
là plutôt des explications que de véritables décompositions. Il faut toujours, dans ces dernières, respec-
ter l'orthographe de chaque mot; et c'est ce que les
grammairiens ne font certainement pas ici en
substituant *boutent, briser* et *portent*, à *boute, brise* et
porte. Croit-on que l'élève soit plus instruit quand
on lui dit, comme MM. Noël et Chapsal, que des
tête-à-tête sont des *entrevues où l'on est* SEUL à SEUL?
C'est esquiver la difficulté, ce n'est point la résoudre.
Pour faire voir combien il est important que ces
sortes de décompositions soient bien faites, je vais
analyser ceux des noms composés qui paraissent le
plus rebelles à l'analyse.

EXEMPLE. Un abat-jour.

ANALYSE. *Un* (instrument en bois au moyen duquel on) *abat* (le) *jour*.

Ex. Des abat-jour.

AN. *Des* (instruments en bois au moyen desquels
on) *abat* (le) *jour*.

Ex. Un boute-en-train.

AN. *Un* (homme qui) *boute* (les autres) *en train*.

Ex. Des boute-en-train.

AN. *Des* (hommes dont la joie) *boute* (les autres)
en train.

Ex. Un brise-cou.

AN. *Un* (escalier où l'on se) *brise* (le) *cou*.

Ex. Des brise-cou.

An. *Des* (escaliers où l'on se) *brise* (le) *cou.*

Ex. Un casse-noisettes.

An. *Un* (instrument avec lequel on) *casse* (des) *noisettes.*

Ex. Des casse-noisettes.

An. *Des* (instruments avec lesquels on) *casse* (des) *noisettes.*

Ex. Un essuie-mains.

An. *Un* (linge avec lequel on s') *essuie* (les) *mains.*

Ex. Des essuie-mains.

An. *Des* (linges avec lesquels on s') *essuie* (les) *mains.*

Ex. Un tête-à-tête.

An. *Un* (entretien où l'on est) *tête-à tête.*

Ex. Des tête-à-tête.

An. *Des* (entretiens où l'on est) *tête-à-tête.*

Ex. Un va-nu-pieds.

Av. *Un* (homme qui) *va nu-pieds.*

Ex. Des va-nu-pieds.

An. *Des* (hommes semblables à celui qui) *va nu-pieds.*

Dans l'analyse des exemples que nous venons de citer, l'orthographe des mots n'est point altérée, et l'élève, par ce moyen, est à même de se rendre compte du nombre qui est employé dans chacun d'eux.

OMISSION IMPORTANTE.

Nombre du substantif après une préposition.

L'emploi du nombre du substantif après les prépositions *de, à, par, sans, en,* etc., est une des plus grandes difficultés de notre langue, et sur laquelle les grammairiens sont peu d'accord ; aussi MM. Noël et Chapsal sesont-ils bien gardés d'en parler.

Maintenant reste la question de savoir si l'on peut dire également bien :

1° L'Église grecque et l'Église latine ;
2° L'Église grecque et la latine ;
3° L'Église grecque et latine ;
4° Les Églises grecque et latine.

Selon les grammairiens, sur ces quatre manières de s'exprimer, il n'y a que les deux premières qui soient bonnes. Mais comme ce ne sont pas les grammairiens qui font les langues, et qu'il leur est même à jamais interdit d'en faire, on ne doit pas s'en rapporter à eux. Ce qu'il faut avant tout consulter, c'est l'usage suivi en pareille circonstance par les grands écrivains : ils sont pour nous la loi et les prophètes. Or, si nous ouvrons les chefs-d'œuvre de notre littérature, nous y trouvons :

PREMIÈRE MANIÈRE :

Corneille a réformé la SCÈNE *tragique* et la SCÈNE *comique* par d'heureuses imitations.
(VOLTAIRE.)

Dans la LANGUE *parlée* et dans la LANGUE *écrite*
La clarté du discours est le premier mérite.
(FF. DE NEUFCHATEAU.)

Quand donc il la prend (sa femme) dans un rang inférieur l'ORDRE *naturel* et l'on RE *iv l'* s'accordent, et tout va bien.
(J.-J. ROUSSEAU.)

DEUXIÈME MANIÈRE :

On a toujours peint Dieu avec une grande barbe *dans* l'ÉGLISE *grecque* et dans LA *latine*.
(VOLTAIRE.)

Milord Bolingbroke possède Virgile comme Milton ; il aime la POÉSIE *anglaise*, LA *française* et L'*italienne*.
(ID.)

Les *nouveaux* CITOYENS et LES *anciens* ne se regardent plus comme les membres d'une même république.
(MONTESQUIEU.)

4.

Le GÉNÉRAL *persan* et le GÉNÉ-
RAL *indien* s'empress-èrent de
donner ba'aille.

(VOLTAIRE.)

Tous les vœux se partageaient
entre le CHEVALIER *blanc* et le
CHEVALIER *bleu*.

(ID.)

TROISIÈME MANIÈRE :

Trois lignes à reprendre et
qui sont tirées des plus grands
auteurs de l'ÉGLISE *grecque* et
latine. (PASCAL.)

La femme seule peut imiter
tous les chants des OISEAUX *mâ-
les* et *femelles*.

(BERN. DE ST.-PIERRE.)

Les sons des langues se sont
formés d'abord des SONS *masculins* et *féminins*.

(ID.)

Le mélange d'AUTORITÉ *ecclésiastique* et *civile* dans cette
prohibition avait quelque chose
de contraire aux droits du souverain. (ANQUETIL.)

La diète pythagorique, pré-
conisée par les PHILOSOPHES *anciens* et *nouveaux*, n'a jamais
été indiquée par la nature.

(BUFFON.)

Les honnêtes gens qui lisent
quelquefois Virgile ou les Lettres Provinciales, ne savent pas
qu'on tire vingt fois plus
d'exemplaires de l'Almanach de
Liège et du Courrier Boiteux
que de tous les bons LIVRES *anciens* et *modernes*.

(VOLTAIRE.)

En effet, chaque jour, la bouche, à plus
[grands frais,
Dévore les produits des lacs et des forêts,
Engloutit les vins *blancs*, LES *rouges*, LES
[clairet,
Le Vougeot et l'AÏ, le Chypre et le
[XÉRÈS.
(FR. DE NEUFCHATEAU.)

Il est très sûr que le *seizième*
et le *dix-septième* SIÈCLE furent
marqués par de grands changements et de grandes découvertes. (THOMAS.)

QUATRIÈME MANIÈRE :

LES PUISSANCES *végétale* et
animale se mettent en équi-
libre par des flux et reflux.

(BERN. DE ST.-PIERRE.)

Le renouvellement chan-
ge le principe du gouver-
nement représentatif, composé
des trois POUVOIRS *monarchi-
que*, *aristocratique*, *démocra-
tique*. (CHATEAUBRIAND.)

Le fer donne aux végétaux et
aux animaux les COULEURS
rouge et *bleue*.

(BERN. DE ST.-PIERRE.)

Dans le régime viril de l'Europe, les PUISSANCES *temporelle*
et *spirituelle* se rapprochent ou
se divisent à proportion de la
maturité des nations.

(ID.)

Ces deux CONJUGAISONS *hé-
braïque* et *grecque* semblent
porter l'empreinte de l'esprit
des peuples qui les ont formée -

(CHATEAUBRIAND.)

Quel homme eut jamais plus
d'éclat que J.-C.? Le peuple
juif tout entier le prédit avant
sa venue. Le peuple gentil l'a-
dore après qu'il est venu. Les
deux PEUPLES *gentil* et *juif* le
regardent comme le centre.

(PASCAL.)

Tout fut états-généraux dans les RÉPUBLIQUES *grecques* et *romaines.* (ID.)

Les LANGUES *romane* et *tudesque* furent les seules en usage jusqu'au règne de Charlemagne. (DUCLOS.)

Je n'irai point, si je puis, demeurer dans l'île de Protée, malgré les beaux vers des GÉORGIQUES *françaises* et *latines.* (CHATEAUBRIAND.)

Les deux PUISSANCES *temporelle* et *spirituelle,* ou *militaire* et *ecclésiastique* se disputent la domination des hommes. (BERN. DE ST.-PIERRE.)

En présence de ces nombreuses citations et des puissantes autorités qui nous les ont fournies, nous pouvons hardiment décider qu'il est permis de dire : 1° *l'Église grecque et l'Église latine* ; 2° *l'Église grecque et la latine* ; 3° *l'Église grecque et latine* ; 4° *les Églises grecque et latine,* malgré les scrupules de certains grammairiens, qui rejettent les deux dernières expressions comme vicieuses, par la peur, bien ridicule sans doute, que dans l'une on n'entende que *l'Église* est à la fois *grecque* et *latine,* et parce que, dans l'autre : *les églises* GRECQUE *et* LATINE, leurs yeux, doués d'une sensibilité si irritable, sont choqués de voir deux adjectifs singuliers accolés à un substantif pluriel.

M. Boniface est le premier, nous lui devons cette justice, qui ait osé soutenir cette hérésie grammaticale, car c'en est une que d'avancer qu'on peut dire : *la littérature française et anglaise* ou *les littératures française et anglaise ; l'autorité civile et ecclésiastique,* ou *les autorités civile et ecclésiastique.* « M. Boniface, dit un grammairien (1), a raison d'approuver ces locutions, car nos écrivains les plus renommés en font usage journellement. M. Lévi lui-même ne les condamne plus, bien qu'il m'ait fait,

_____

(1) M. Fellens, *Journal grammatical.*

« il y a quelques années, une querelle d'Allemand,
« à la Société grammaticale, pour avoir mis dans
« un rapport: *les écrivains anciens et modernes*, at-
« tendu, disait-il, que les écrivains ne peuvent être
« tout à la fois anciens et modernes. Vainement je
« répondais que c'était précisément cette opposition,
« cette incompatibilité dans les idées qualificatives,
« qui rendait l'ellipse naturelle, comme on dit sans
« cesse *des déjeuners chauds et froids*, parce que des
« déjeuners ne pouvant être chauds et froids en même
« temps, il est impossible qu'on ne comprenne pas
« que cette phrase signifie, sous une forme concise,
« *des déjeuners chauds et des déjeuners froids*. Mal-
« gré mon plaidoyer, la Société a condamné *les écri-*
« *vains anciens et modernes*, aussi bien que *les dé-*
« *jeuners chauds et froids*. Aujourd'hui, ces juges, si
« rigides sur les principes, se sont amendés tant soit
« peu, et la plupart d'entre eux sont les premiers à
« employer la locution qu'ils combattaient avec tant
« de chaleur. Tant mieux, c'est un progrès. »

M. Lemare lui-même, quoiqu'il ne soit pas de
cette opinion, ne peut s'empêcher de reconnaître
qu'il est souvent bien difficile de résister au besoin
d'abréger, surtout lorsque le danger de l'équivoque
est presque nul, comme dans cette expression: *Les*
philosophes anciens et nouveaux.

CHAPITRE III.

DE L'ARTICLE.

PAGE 105, Nos **560, 561, 562.**

« — V. On répète l'article et les adjectifs déter-
« minatifs, tels que *mon, son, ce, cet, un, une, etc.*,

« — 1° Avant chaque substantif :

Le cœur, l'esprit, les mœurs, tout gagne à la culture.

« Ainsi on ne dira pas : *les officiers et soldats, mes
« père et mère, ses frères et sœurs;* mais on dira : *les
« officiers et les soldats, mon père et ma mère, ses frè-
« res et ses sœurs.*

«—2° Avant deux adjectifs unis par *et*, lorsqu'ils
« ne qualifient pas le même substantif : LE *vieux et*
« LE *jeune soldat*, MON *grand et* MON *petit apparte-*
« *ment*. Ces phrases sont elliptiques; c'est comme
« s'il y avait : *le vieux* SOLDAT *et le jeune soldat, mon
« grand* APPARTEMENT *et mon petit appartement;* il y
« a deux substantifs, il doit y avoir deux détermi-
« natifs. Mais je dirai : LE *vieux et brave soldat, mon
« grand et bel appartement;* parce qu'il ne s'agit
« que d'un seul et même soldat, tout à la fois vieux
« et brave, et d'un seul et même appartement, qui

« est en même temps grand et beau. Il n'y a qu'un
« subtantif, un seul déterminatif suffit. »

Il serait bon de prévenir au moins que la répétition de l'article devant chaque substantif ne doit avoir
lieu que quand le premier de ces substantifs est lui-
même précédé de l'article ; car on peut très bien dire
sans article : *gloire*, *richesses*, *génie*, *honneurs*, *ne*
sont rien auprès de Dieu.

Maintenant peut-on dire *les père et mère ?*

Parce que, voilà tantôt deux siècles, il a plu à
nous ne savons quel grammairien, Vaugelas peut-
être, de voir un barbarisme dans ces locutions: *les*
père et mère, tous les grammairiens de répéter après
lui, et sans trop savoir pourquoi, que *les père et*
mère est un barbarisme.

Mais, loin d'être intimidé par cette réprobation,
L'USAGE, depuis ce temps, n'a cessé d'aller son train,
et, en dépit de tous les Vaugelas du monde, il permet que l'on dise, comme il y a deux et trois siècles :
les père et mère.

C'est que l'usage sent bien qu'il a raison. En effet,
il est facile de faire voir que cette locution, qui scan-
dalise si fort nos puristes, n'est pas sans fondement,
et qu'elle a sa source dans la logique la plus rigoureuse. Nous allons essayer de le prouver.

Celui qui dit *les père et mère* sait qu'il doit parler
de deux individus: que ce soit *le père* et *la mère*,
peu importe; toujours est-il qu'il a l'idée de deux
êtres, de deux individus. Or, n'est-il pas naturel
qu'il fasse usage de l'article pluriel *les*, qui, en pa-
eil cas, est en rapport avec le mot *individus* sous-
entendu, et nullement avec les mots *père et mère.*

Ces derniers ne sont là , pour ainsi dire , que l'explication du mot *individus*. En sorte que *les père et mère*, c'est pour LES *individus que je vais désigner,* *c'est-à-dire le* PÈRE *et la* MÈRE.

Cette locution abréviative et toutes celles qui lui sont analogues, répondent donc parfaitement au besoin qu'éprouve celui qui parle , de rapprocher le plus possible l'expression de la rapidité de la pensée.

Aussi leur concision doit-elle les faire préférer en certaines circonstances. D'ailleurs, ces façons de parler, qui remontent, pour ainsi dire, à l'origine de notre langue, et qui sont descendues jusqu'à nous, après avoir traversé plusieurs siècles , n'ont-elles pas reçu leurs lettres-patentes , et leur âge ne les met-il pas au-dessus des attaques de quelques esprits qui ne peuvent ou ne veulent pas comprendre ce qu'elles ont de logique.

Que les grammairiens se révoltent et crient au barbarisme, au solécisme et à pis, s'il est possible , nous nous en inquiétons peu. Nous croyons que se faire entendre étant la première condition du langage, il est permis d'employer toutes les locutions possibles, dès que l'on y réussit, sans blesser l'usage, *norma et jus loquendi.*

Nous terminerons en faisant remarquer que ces formes elliptiques n'appartiennent pas seulement au style administratif ou judiciaire, ainsi qu'on a cherché à le faire croire jusqu'ici, mais que les plus grands écrivains eux-mêmes n'ont pas craint de les employer.

Les rubans et bijoux qui en sont la marque, ont un

air de colifichet et de parure féminine qu'il faut éviter dans notre institution. (ID.)

Il ne faut pas que *les prix et récompenses* soient distribués arbitrairement. (ID.)

Il en était de même *des ministres et grands officiers.* (ID.)

Les père et mère continuent de les nourrir et de veiller sur eux. (BUFFON.)

L'homme qui veut se marier offre *aux père et mère* de la jeune personne un sac de cuir ou quelque autre objet tout aussi précieux.

(ALBERT MONTÉMONT.)

Les père et mère ont pour objet le bien.
Tout le surplus ils le comptent pour rien.

(LA FONTAINE.)

Le père du Tertre dit que si tous les nègres sont camus, c'est que *les pères et mères* écrasent le nez à leurs enfants. (BUFFON.)

L'union des *pères et mères* aux enfants est naturelle puisqu'elle est nécessaire. (ID.)

Le calcul *des pères et mères* a peut-être encore plus de danger que l'inexpérience des jeunes gens.

(DE BOUFFLERS.)

Il serait bon qu'on obéît *aux lois et coutumes*, parce qu'elles sont lois ; et que le peuple comprît que c'est là ce qui les rend justes. (PASCAL.)

Je ne serais pas d'avis d'éparpiller les soldats pour maintenir l'ordre dans *les bourgs et villages.*

(J.-J. ROUSSEAU.)

Un troisième dit que la religion protestante or-

donne *aux pères et mères* d'égorger ou d'étrangler leurs enfants quand ils veulent se faire catholiques.
(VOLTAIRE.)

Après bien *des marches et contre-marches*, les Français arrivent dans Pamphilie, près d'une petite ville sur la mer. (ANQUETIL.)

Le père Feuillée est le seul de tous *les naturalistes et voyageurs* qui ait donné une description détaillée du condor. (BUFFON.)

CHAPITRE IV.

DE L'ADJECTIF QUALIFICATIF.

PAGE 106, N° 363.

« Tout qualificatif, soit adjectif, soit participe
« passé ou présent, doit toujours se rapporter à un
« mot exprimé dans la phrase ; et son rapport avec
« ce mot ne doit donner lieu à aucune équivoque.
« Ainsi l'on ne dira pas : JALOUX *des droits de sa cou-*
« *ronne, son unique ambition était de la transmettre à*
« *ses successeurs.*

> *Endormi* sur le trône au sein de la mollesse,
> Le poids de sa couronne accablait sa faiblesse.

« Les qualificatifs *jaloux* et *endormi* ne se rap-
« portant à aucun des mots énoncés dans la phrase.
« On ne dira pas non plus : AIMANT *l'étude par-*
« *dessus toute chose, votre père vous fournira les*
« *moyens de vous y livrer.* Le rapport du qualifica-
« tif est équivoque : est-ce votre père, ou est-ce vous
« qui êtes *aimant?* On fait disparaître cette faute
« en disant : *comme votre père aime l'étude par-dessus*
« *toute chose, il vous fournira,* etc., ou *comme vous*
« *aimez l'étude,* etc. »

Tout qualificatif, soit adjectif, soit participe
passé ou présent, doit toujours se rapporter à un

mot exprimé dans la phrase; telle est la règle posée
dans la grammaire de MM. Noël et Chapsal, et
d'après laquelle ils signalent comme vicieuse et ne
devant pas être imitée la construction des exemples
qu'ils citent. Nous ne sommes pas tout-à-fait de l'avis
de MM. Noël et Chapsal, et les trouvons d'une
excessive rigueur à condamner les vers de Voltaire :
Que veulent-ils éviter ? C'est l'équivoque. Or, on
sent bien qu'il est impossible de faire rapporter
endormi avec *poids*, que cet adjectif et ce substantif s'excluant l'un l'autre, le mot en rapport
avec l'adjectif est évidemment sous-entendu ; et
ce qui aide singulièrement l'esprit à le saisir ;
c'est qu'il est implicitement contenu dans l'adjectif possessif qui se trouve toujours dans la phrase :
le poids de sa *couronne*, c'est-à-dire *le poids de la
couronne de lui, endormi*, etc. Au reste cette construction, qui répond à l'ablatif absolu des Latins, a
été et est encore employée par les meilleurs écrivains; on ne doit donc pas craindre de suivre en
cela ces excellents modèles de goût et de clarté.

PAGE 107, N° 366.

« Lorsque deux substantifs qualifiés par un ad-
« jectif n'ont pas le même genre, l'oreille exige
« qu'on énonce le substantif masculin le dernier,
« si l'adjectif a une terminaison particulière pour
« chaque genre, comme : *bon, bonne; entier, entière;*
« *épais, épaisse*, etc.; et qu'on dise : *il a montré une
« prudence et un courage étonnants*, et non pas : *un
« courage et une prudence étonnants.* »

Cependant les auteurs ne se sont pas toujours astreints à cette règle ; Buffon a dit: *En Egypte les jeunes filles de la campagne ont les bras et les jambes bien faits ;* et Massillon : *l'ordre et l'utilité publics ne peuvent être le fruit du crime.*

PAGE 107, N° 568.

« Lorsque les substantifs sont synonymes, c'est-
« à-dire quand ils ont à peu près la même significa-
« tion, l'adjectif s'accorde avec le dernier : *il a*
« *montré une réserve, une retenue* DIGNE *d'éloges.*
« *Toute sa vie n'a été qu'un travail, qu'une occu-*
« *pation* CONTINUELLE (Massillon). — Dans ce cas,
« il n'y a proprement qu'un seul mot à qualifier,
« puisqu'il n'y a qu'une seule et même idée d'ex-
« primée; et c'est avec le dernier substantif que l'ac-
« cord a lieu, comme frappant le plus l'esprit. »

Cette règle est juste; mais d'où vient que MM. Noël et Chapsal ne citent aucun exemple où figure la conjonction *et* ? Dans ce cas entendraient-ils qu'il faudrait mettre l'adjectif au pluriel ? Alors ce serait une erreur, car les écrivains ont très souvent mis l'adjectif au singulier, même après deux substantifs liés par *et.* Exemples :

J'eus sujet de me plaindre de mon tailleur, qui m'avait fait perdre en un instant *l'attention et l'estime publique.*   (MONTESQUIEU.)

Quiconque est assez aimé des dieux pour trouver deux ou trois vrais amis, d'une *sagesse et* d'une *bonté constante*, trouve bientôt par eux d'autres personnes qui leur ressemblent.   (FÉNELON.)

C'est une puissance orgueilleuse qui est souvent contraire à *l'humilité et* à la *simplicité chrétienne.*

(FLÉCHIER.)

La chasteté est la source de la *force* et de la *beauté physique* et *morale* dans les deux sexes.

(BERÑ- DE ST.-PIERRE.)

La place fut remplie de six-vingts licteurs qui écartaient la multitude avec un *faste* et un *orgueil insupportable.*
(VERTOT.)

PAGE 107, N° 569.

« Lorsque les substantifs sont unis par la conjonction *ou : un courage* ou *une prudence* ÉTONNANTE , cette conjonction donne l'exclusion à un des substantifs, et c'est sur le dernier, comme fixant le plus l'attention , que tombe la qualification. »

Si cependant l'écrivain voulait que la qualification s'appliquât à la fois à deux objets unis par *ou* , il serait indispensable, quoi qu'en disent MM. Noël et Chapsal , de faire accorder l'adjectif avec les deux substantifs. En voici quelques exemples :

Les Samoïèdes se nourrissent de *chair ou de poisson crus.*
(BUFFON.)

Les sauvages de la baie d'Hudson vivent fort longtemps, quoiqu'ils ne se nourrissent que de *chair ou de poisson* CRUS.
(ID.)

Quel est en effet le bon père de famille qui ne gémisse de voir *son fils ou sa fille* PERDUS pour la société?
(VOLTAIRE.)

On demande un *homme ou une femme âgés.*
(BONIFACE.)

PAGE 108, N° 373.

« — L'adjectif reçoit la loi du substantif,
« mais il ne la lui fait jamais. Conséquemment on
« ne dira pas : *le premier et le second* ÉTAGES, *les* HIS-
« TOIRES *ancienne et moderne.* Ces phrases sont ellip-
« tiques; des deux adjectifs que chacune d'elles
« renferme, l'un qualifie un substantif sous-enten-
« du, et l'autre un substantif exprimé. C'est
« comme s'il y avait : *le premier* ÉTAGE *et le second*
« *étage, l'histoire ancienne et l'*HISTOIRE *moderne.*
« Puisque le substantif énoncé dans la phrase ex-
« prime l'unité, il est évident que les adjectifs qui
« l'accompagnent, quel qu'en soit le nombre, ne
« sauraient lui faire prendre la marque du pluriel.
« Il faut dire conséquemment : *le premier et le se-*
« *cond* ÉTAGE; *l'*HISTOIRE *ancienne et la moderne.* »

Cette règle est en opposition manifeste avec l'u-
sage. V. page 81.

PAGE 108, N° 374.

« — Deux adjectifs dont le premier est qualifié
« par le second, restent tous les deux invariables :
« *des cheveux* CHATAIN CLAIR, *des étoffes* ROSE TENDRE.
« La raison en est que le premier adjectif est pris
« substantivement; c'est comme s'il y avait : *d'un*
« *chatain clair, d'un rose tendre.* »

Les exemples suivants nous prouvent cependant
que deux adjectifs réunis peuvent aussi varier : c'est
quand ils qualifient l'un et l'autre le substantif auquel
ils se rapportent. D'après Buffon on écrira donc avec
la pluralité : *des cheveux châtains bruns, des che-*

veux châtains clairs, parce qu'ils sont à la fois *châtains* et *bruns*, *châtains* et *clairs*.

Il y a cette différence, dit très bien M. Boniface,
entre *des étoffes bleues claires* et *des étoffes bleu
clair*, que les premières sont de *couleur bleue* et
d'un *tissu clair*, et que les secondes sont *d'un bleu
clair*.

OBSERVATION. — On dit : *un* BEAU *couleur de rose*,
un BEAU *couleur de feu*. Barthélemy a fait usage de
cette expression où *beau* est au masculin, soit parce
que *couleur de rose* est ici au masculin, comme
le rose; soit par ellipse du substantif *teint*.

La PERDRIX *grise blanche* et la perdrix *rouge
blanche* font variété dans ces deux espèces de perdrix.
(BUFFON.)

Je lui offris donc cinq livres pesant de grains en
verre et en PORCELAINE de couleurs que j'espérais
devoir lui plaire davantage, blanche, noire et *bleue
claire*. (ALBERT MONTÉMONT.)

Les CHEVEUX de cette petite fille étaient *châtains
bruns* et fins. (BUFFON.)

Les pieds du grand Béfroi ont dix-huit lignes de
longueur, et sont, ainsi que les doigts, d'une COU-
LEUR *plombée claire*. (ID.)

C'était comme autant de gros points d'une COU-
LEUR *jaune brune* et obscure. (ID.)

Les Arabes sont dans l'usage de se faire appliquer
une COULEUR *bleue foncée* aux bras, aux lèvres et
aux parties les plus apparentes du corps. (ID.)

OMISSIONS DE MM. NOEL ET CHAPSAL

RELATIVES AUX ADJECTIFS.

1ʳᵉ OMISSION.

Adjectif placé après deux substantifs unis par la préposition DE.

Quand un adjectif est placé après deux substantifs unis par la préposition *de*, ou par un des articles *du, de la, des,* l'accord a généralement lieu avec le premier. Exemples : Après six mois de temps *écoulés;* il se reposa après cinq jours de la semaine *employés* au travail. Remarquez que nous disons *généralement,* parce que le rapport de l'adjectif est quelquefois difficile à saisir ; il faut alors se bien pénétrer du sens que l'on veut exprimer, et voir auquel des substantifs convient la modification. On dira : *on a trouvé une* PARTIE *du* PAIN *mangée;* c'est la partie et non tout le pain qui est mangée; et *on a cuit une partie du pain destiné aux pauvres :* c'est le PAIN qui *est destiné* et non *la partie.*

Le roi d'Égypte était suivi de deux mille prêtres vêtus de *robes* de lin plus *blanches* que la neige.

(VOLTAIRE.)

Le roi des Scythes présenta cent chevaux de bataille couverts de housses de peaux *de renards noires.*

(LE MÊME.)

2ᵐᵉ OMISSION.

Adjectif précédé d'un nom collectif.
Quand l'adjectif est précédé d'un nom collectif, il

s'accorde avec ce nom, s'il occupe le premier rang dans la pensée de l'écrivain, si l'attention se porte particulièrement sur ce mot. Exemples :

Si le *nombre* des cultivateurs propriétaires était *doublé* dans le royaume, les terres en rapporteraient au moins une fois davantage. (BERN. DE ST-PIERRE.)

Le lendemain arriva une *escorte* de cavaliers et de fantassins *envoyée* par le sultan.

(ALBERT MONTÉMONT.)

3me OMISSION.

Suite du même sujet.

L'adjectif s'accorde au contraire avec le nom pluriel qui suit le collectif, si ce collectif ne joue qu'un rôle secondaire. Exemples :

Une foule de peuple *éperdu* et *consterné* implora en vain la clémence du vainqueur. (VERTOT.)

Le peu de jours que les Dieux me destinent encore à passer sur la terre seront *environnés* de gloire et d'honneur. (VOLTAIRE.)

4mo OMISSION.

Adjectifs employés adverbialement.

On peut dire : mesdemoiselles, marchez *droites*, c'est-à-dire le corps droit ; et marchez *droit*, c'est-à-dire, allez *droit* devant vous. On peut dire aussi : J'ai pris mes mesures *justes*, et ces *pierreries sont estimées juste à leur valeur.* (ACAD.) *Ils sont restés* COURTS, c'est-à-dire, ils étaient *courts*, ils sont restés tels ; *ils sont restés court*, c'est-à-dire, ils ont perdu le fil de leur discours. (*Omission de Noël et Chapsal.*)

5me OMISSION.

Adjectifs composés, tels que NOUVEAU-NÉ, IVRE-MORT, etc.

Dans les adjectifs composés, tels que *mort né*,

5

vre-mort, si le premier adjectif est employé adverbialement, il reste invariable. Exemples : *les enfants*
NOUVEAU-*nés* des nègres sont très sensibles aux impressions de l'air. (BUFFON.) Légère et COURT-*vêtue*,
elle allait à grands pas. (LAFONTAINE.) On excepte
fraîches-cueillies, fraîches-écloses, et cela pour céder
à l'euphonie, car on ne peut pas dire que des roses
ni des herbes sont *fraîches*, mais qu'elles sont *frais*
ou *fraîchement* cueillies ou écloses.

Si, au contraire, le premier adjectif n'est pas
employé adverbialement et qu'il serve, ainsi que le
second, à qualifier le substantif exprimé, il doit varier. Exemples : *Peu d'heures avant que Montesquieu
expirât, on renvoya Routhe et son compagnon* IVRES-
morts. (VOLTAIRE.) DESTRUCTEURS-*nés des êtres qui
nous sont subordonnés, nous épuiserions la nature, si
elle n'était inépuisable*. (BUFFON.)

6me OMISSION.

Moindre et *plus petit* ne sont point synonymes.
Le premier se dit des choses qui s'évaluent : la *moindre* difficulté vous arrête ; le second se dit des choses
qui se mesurent : ma cousine est *plus petite* que son
frère. (DOMERGUE.)

7me OMISSION.

Des adjectifs DIVIN, SUPRÊME, etc.

Il y a des adjectifs qui expriment des qualités qui
ne sont pas susceptibles de comparaison ; tels sont :
premier, aveugle, suprême, immense, etc. Mais a-
t-on pu dire : *cette erreur était* LA PLUS UNIVERSELLE
(BOSSUET) ; *image du courtisan d'autant* PLUS PAR-
FAITE (LA BRUYÈRE) ; *rien n'est* PLUS DIVIN *que la
morale du christianisme*. (CHATEAUBRIAND) ; LES PLUS

EXCELLENTS *ouvriers* (LA BRUYÈRE); *l'auteur* LE PLUS DIVIN (BOILEAU), etc.? Oui, car il ne faut pas s'y méprendre; il y a une universalité, une perfection, une excellence relatives. D'Alembert a même dit : *cela est* PLUS IMPOSSIBLE *que vous* ne pensez.

8ᵐᵉ OMISSION.

ADJECTIF PRÉCÉDÉ DE PLUSIEURS SUBSTANTIFS SÉPARÉS PAR LES EXPRESSIONS *ainsi que, comme, avec, aussi bien que, de même que, non plus que*, ETC.

MM. Noël et Chapsal n'ont pas parlé de cette grande difficulté. Citons d'abord quelques exemples.

ACCORD AVEC UN SEUL SUBSTANTIF.	ACCORD AVEC PLUSIEURS SUBSTANTIFS.
LE CARACTÈRE primitif d'une nation, *ainsi que* celui d'un homme, est souvent ALTÉRÉ par le commerce de ses voisins. (BERN. DE ST.-PIERRE.)	La *tête* en entier, *ainsi que* la *gorge* et la *moitié* supérieure du coup, en dessus et en dessous, sont également *couvertes* d'un duvet court. (BUFFON.)
Ces ASSEMBLÉES, *ainsi que* les *exercices* publics, sont toujours HONORÉES de la présence des vieillards. (BARTHÉLEMY.)	Dans l'Égypte, dans l'Asie et dans la Grèce, BACCHUS, *ainsi* qu'HERCULE, étaient *reconnus* pour demi-dieux. (VOLTAIRE.)
La CHAIR du lynx, *comme* celle de tous les animaux de proie, n'est pas BONNE à manger. (BUFFON.)	*L'aigle*, reine des airs, avec *maint la* [... Différentes d'humeur, de langage et [d'esprit Et d'habit, Traversaient un bout de prairie. (LA FONTAINE.)
Presque toute la LIVONIE, *avec* l'ESTONIE entière, avait été *abandonnée* par la Pologne au roi de Suède. VOLTAIRE.	*Bertrand* avec Raton, l'un sin... et l'au- [tre chat, *Commensaux* d'un logis, avaient un [commun maître. (Id. .
Le CAPITAINE, *avec* cinquante hommes seulement, était PARVENU à se rendre maître de la ville. (BONIFACE.)	Un CAPITAINE, *avec* cinquante HOMMES qui étaient venus pour sauver Élie, sont CONSUMÉS par le feu du ciel. (JOURN. GRAMM.)

On voit par les citations de la première colonne, que l'adjectif, précédé de deux ou de plusieurs substantifs séparés par les mots *ainsi que, comme, avec*, etc., s'accorde avec le premier seulement, quand l'esprit veut établir une comparaison, ou indiquer un moyen comme dans le dernier exemple.

Mais, dans les citations opposées, les mots *ainsi que*, *avec*, ne marquent plus, l'un, la comparaison, l'autre, un moyen ; ils indiquent tous deux la simultanéité de l'action, et cette simultanéité entraîne invinciblement la pluralité. La société grammaticale l'a tellement senti que, dans l'une de ses séances elle a décidé, contre l'opinion de M. Lemare, qu'on pouvait imiter La Fontaine, Buffon et Voltaire, dans les phrases analogues à celles que nous avons empruntées à ces écrivains (1).

Cependant l'avant-dernier exemple de la première colonne nous fait voir que, dans ce dernier cas, on met aussi l'adjectif au singulier : *La Livonie*, *avec l'Estonie*, *avait été abandonnée*, etc.

---

(1) Sans doute ces phrases paraissent en contradiction avec la grammaire ; mais, comme l'a très bien observé M. Quitard, littérateur plein de tact et de goût, ce qui peut n'être pas conforme à la règle grammaticale est souvent d'accord avec la raison. Si l'on regardait le nom qui précède *ainsi que*, *avec*, comme l'idée dominante, on altèrerait le sens des mots et les vues de celui qui parle. (JOURN. GRAMMAT. 1.° de janvier 1875.

CHAPITRE V.

DES ADJECTIFS DÉTERMINATIFS.

PAGE 110, N° 380.

« MILLE s'écrit *mil*, dans la supputation des an-
« nées; c'est une abréviation de *mille* : *l'Amérique a*
« *été découverte en l'an* MIL *quatre cent quatre-vingt-*
« *douze.* »

Par abréviation on écrit *mil* dans la supputation
ordinaire des années depuis l'ère chrétienne, l'an
mil sept cent quatre-vingt; orthographe qui subsiste-
ra sans doute jusqu'à l'an deux *mille*. Mais on écrit
l'an du monde trois *mille* quatre cent seize, en
parlant des années qui ont précédé notre ère et de
celles qui suivront le millésime où nous sommes.

En *mil* sept cent quatre-vingt, Philippe II fut dé-
claré tyran et solennellement déchu de son autorité
dans les Pays-Bas.   (GUIDE DE L'HISTOIRE.)

La première irruption des Gaulois arriva sous le
règne de Tarquin, environ l'an du monde trois *mille*
quatre cent seize.   (VERTOT.)

PAGE 111, N° 581.

« Les adjectifs possessifs doivent être remplacés
« par l'article, quand le sens indique clairement
« quel est l'objet possesseur : J'AI *mal à* LA *tête.*

« *Pierre s'est cassé* LA *jambe*, etc. Il est évident qu'il
« s'agit de *ma tête*, et de *la jambe de Pierre*; les ad-
« jectifs possessifs *ma*, *sa*, n'ajouteraient rien au
« sens. »

Néanmoins, si cette partie du corps est habituellement malade, on dit : *J'ai mal à* MA *tête*, *je souffre à*
MA *jambe*, MON *bras me fait mal.* Mme de Sévigné
a dit :

Quoiqu'il soit un peu incommodé de SON *bras...*

PAGE 111, N° 582.

« Les adjectifs possessifs *notre*, *votre*, *leur*, se
« mettent au pluriel, lorsqu'ils se rapportent à
« plusieurs unités prises collectivement, et présen-
« tant une idée de pluralité. »

... D'une égale horreur *nos cœurs* étaient frappés. (RACINE.)

Ces festons dans *vos mains*, et ces fleurs sur *vos têtes*.
Autrefois convenaient à *nos pompeuses fêtes.* (RACINE.)

Lorsque d'un saint respect tous les Persans touchés,
N'osent lever *leurs fronts* à la terre attachés. (ID.)

« Dans les exemples qui précèdent, *cœurs*, *têtes*,
« et *fronts* sont des unités prises collectivement :
« ce sont des unités, parce que chacun des indivi-
« dus dont il est question n'a qu'un *cœur*, qu'une
« *tête*, qu'un *front*; et ces unités sont prises collecti-
« vement, par la raison qu'il s'agit de plusieurs in-
« dividus, et que conséquemment il y a plusieurs
« *cœurs*, plusieurs *têtes*, et plusieurs *fronts*. »

Nous remarquerons que ce n'est pas seulement avec
des substantifs abstraits que *leur* se met au singulier :

les auteurs préfèrent ce nombre toutes les fois que le sens ne réclame pas nécessairement le pluriel, quand il ne s'agit que d'éveiller la seule idée de possession, abstraction faite de l'idée de pluralité.

Étudions ce tableau comparatif :

Ils ont tout sans rien avoir car le goût de lumière pure apaise la faim de *leur* cœur.
(*Fénel.* Tél. XIX.)

Leurs cœurs étaient tendres, le plumage de *leurs* cous était changeant.
(*Fénel.*, parlant de deux pigeons.)

Sous *leurs* coups redoublés leur cuirasse étincelle,
Leur sang qui rejaillit rougit *leur* main cruelle.
(*Volt.*, Henr. VIII.)

Il n'a plus aspiré qu'à s'ouvrir des chemins,
Pour éviter l'affront de tomber dans *leurs* mains.
(*Rac.* Mith. V.)

Ceux qu'il honora de semblables visites racontèrent plus d'une fois à la génération qu'ils virent naître, que *leur* toit rustique avait reçu Fénelon (*La Har.* Él. de F.)

De *leurs* toits, dont dix pieds nous donnent la mesure,
Les yeux aiment à voir la ferme architecture.
(*Del.*, l'Imag. VII.)
NOTA. Il parle des fourmis.

Assez de grands esprits....
Sans quitter *leur* grenier ils traversent les mers.
(*Volt.*, les Cabal.)

...... de profonds esprits :
Les uns dans *leurs* greniers fondant des républiques.
(Volt., Dial. de Pég.)

Alors pour se couvrir durant l'âpre saison,
Il fallut aux brebis dérober *leur* toison.
(*Boileau*, Ép. III.)

De *leurs* molles toisons les brebis se vêtissent. (*Delille*, Paradis perdu, VII.)

Et portés sur le dos de ce gouffre écumant,
Les cèdres de *leur* front touchent au firmament.
(*Bernis*, Rel. Ven. II.)

Ma voix ferait sur eux les effets du tonnerre,
Et je verrais *leurs* fronts attachés à la terre (*Voltaire*, Mahomet, parlant des humains, II, v.)

PAGE 111, N° 583.

« Lorsqu'il s'agit de choses, *son, sa, ses, leur,* « *leurs,* ne peuvent être employés qu'autant que « le mot possesseur, substantif ou pronom, est ex-

« primé dans la même proposition comme sujet,
« ainsi que dans ces phrases : *la campagne a ses agré-*
« *ments;* — *ces langues ont* LEURS *beautés.* Les agré-
« ments de quoi? de la *campagne.* Les beautés de
« quoi? de *ces langues. Campagne* et *langues* sont
« donc les substantifs possesseurs ; comme ils
« sont les sujets des propositions où se trouvent les
« adjectifs possessifs *ses, leurs,* il en résulte que la
« construction est correcte. Mais on ne dirait pas :
« *j'habite la campagne,* SES *agréments sont sans nom-*
« *bre; ces langues sont riches, j'admire* LEURS *beautés;* les
« substantifs possesseurs *campagne* et *langues* n'é-
« tant pas les sujets des propositions où figurent *ses*
« et *leurs.* Dans ce cas, on remplace *son, sa, ses, leur,*
« *leurs,* par l'article et le pronom *en,* et l'on dit :
« *j'habite la campagne,* LES *agréments* EN *sont sans*
« *nombre; ces langues sont riches, j'*EN *admire les*
« *l eau.* »

Citons d'abord quelques exemples du contraire :

Mais la mollesse est douce et *sa* suite est cruelle ;
Je vois autour de moi cent rois vaincus par elle.

(VOLT IRE.)

La patience est amère, mais *son* fruit est doux.

(J.-J. ROUSSEAU.)

L'aloès cuballin est le plus impur des aloès de
commerce : *son* odeur est forte et désagréable ; *sa*
poudre est verdâtre.   (DICT. DE MÉDECINE.)

L'amidon pur est rarement employé comme ali-
ment. *Ses* usages dans les arts sont très nombreux.

(ID.)

Ces arbres sont bien exposés, mais *leurs* fruits ne
mûrissent pas.   (BONIFACE.)

Ces citations nous font voir qu'il y a des circonstances où, pour mieux préciser l'idée de possession,
et donner plus de vivacité à la pensée, plus de grâce
à l'expression, on peut substituer *son, sa, ses* au
pronom *en*. Tant il est difficile, dit très bien M. Lemare, d'établir des règles qui n'exigent pas de nombreuses restrictions, d'éternelles exceptions! Les
faits et l'analogie, voilà peut-être les seuls moyens
d'enseignement et de succès.

Après s'être donné toutes les peines du monde
pour poser quelques pauvres principes sur l'emploi
de *en*, les grammairiens finissent par avouer qu'on
doit se servir de ce pronom toutes les fois qu'on peut
en faire usage, et que l'on ne doit employer l'adjectif possessif que lorsqu'il est impossible de mettre
en. Cette naïveté a échappé à M. Lemare lui-même.

Dans ce vers de Voltaire :

Mais la mollesse est douce, et *sa* suite est cruelle.

rien n'empêchait de construire *en*. Eh bien ! essayez
de placer ce pronom; vous aurez, il est vrai, une
phrase correcte, bien grammaticle; mais quelle différence de cette phrase lourde, languissante, au vers
harmonieux du poète!

Ainsi donc la clarté, l'harmonie, la grâce obligent
à préférer quelquefois, même en prose, l'adjectif
possessif au pronom *en*.

Presque toutes les exceptions, dit Caminade, sont
fondées sur des nuances souvent très délicates; et
c'est parce qu'on ne les aperçoit pas qu'on est tenté
de calomnier une langue dont la délicatesse a toujours
fait l'essence.

5..

« Aucun, signifiant *pas un*, exclut toute idée de
« pluralité; il en est de même de l'adjectif *nul*
« précédant son substantif :

Aucun chemin de fleurs ne conduit à la gloire. La Fontaine.

« On ne dira donc pas avec Racine : *aucuns mons-*
« *tres;* ni avec Vertot : *nuls Romains.* Il faut *aucun*
« *monstre, nul Romain.*

« *Exception.* — *Aucun* et *nul* adoptent le pluriel
« avec un substantif qui n'a pas de singulier,
« comme *pleurs, ancêtres;* ou qui, au pluriel, est
« pris dans un autre sens qu'au singulier, comme
« *troupes, gages : aucunes funérailles. — Aucunes*
« *troupes ne sont mieux disciplinées.* »

L'adjectif déterminatif *aucun* précède toujours le
substantif auquel il est joint et en subit toutes les
modifications de genre et de nombre : *Aucun chemin,
aucune remontrance, aucuns droits, aucunes mesures.*

Tous les grammairiens sont d'un parfait accord
là-dessus; mais un point sur lequel ils sont loin de
s'entendre, même aujourd'hui, c'est celui de savoir
si l'on peut employer *aucun* au pluriel.

Suivant les uns, cet adjectif, signifiant *pas un*,
exclut toute idée de pluralité; d'autres, moins rigo-
ristes, veulent bien nous permettre d'en faire usage
au pluriel, mais seulement devant des substantifs qui
n'ont pas de singulier, tels que *frais, ancêtres, funérailles,* etc. D'Olivet dit qu'il n'est usité au pluriel
qu'en style marotique; et, enfin, Boiste prétend qu'on
ne l'emploie à ce nombre que dans le style bur-

lesque ou celui de pratique, qui lui ressemble beaucoup.

Nous ne chercherons pas à mettre les grammairiens d'accord : ce serait une trop grande entreprise ! Seulement nous prendrons la liberté de leur faire remarquer :

1º Que, par exemple, rien n'empêchait Racine de dire: *aucun monstre par moi dompté*, etc.; mais c'est *quelques monstres*, c'est *plusieurs monstres* qu'a domptés Thésée, et qui lui ont donné le droit que n'a pas Hippolyte. D'où le pluriel.

2º Que les écrivains sont pleins de ce pluriel; et certainement ce n'est ni dans le style de Cujas, ni dans celui de Marot qu'ils ont écrit.

La saine idéologie reconnaît le pluriel *aucuns*, *aucunes,* et les exemples de son emploi ne manquent pas; ils sont plus rares que ceux du singulier, parce qu'on a bien plus souvent besoin de ce dernier nombre, qui est plus exclusif.

Nous ne citerons que les exemples suivants, qu'il nous serait si facile de multiplier:

On ne garda plus alors *aucunes mesures*, les plébéiens s'assemblèrent publiquement. (VERTOT.)

Je ne me mêlai plus d'*aucunes affaires*, et je me retirai dans une maison de campagne.

(MONTESQUIEU.)

Ces oiseaux sont d'une admirable légèreté, ont la vue très perçante, et sont fort propres pour nettoyer les cités, d'autant qu'ils n'y laissent *aucunes charognes* ni choses mortes. (BUFFON.)

Ils ne peuvent souffrir aucun empire légitime, et ne donnent *aucunes bornes* à leurs attentats.

(BOSSUET.)

Rien n'imposant *aucunes lois* générales, les peuples ne faisaient corps que par une obéissance commune, et, sans être compatriotes, ils étaient Romains.

(MONTESQUIEU.)

Le ministre de la police envoie les dépositions, sans y ajouter *aucunes réflexions*.

(BERN. DE SAINT-PIERRE.)

Les rois d'Angleterre, depuis saint Édouard jusqu'au roi Guillaume III, firent journellement un grand miracle, celui de guérir les écrouelles, qu'*aucuns médecins* ne pouvaient guérir.

(VOLTAIRE.)

Aucuns appointements ou gages n'étaient attachés aux charges et fonctions publiques.

(J.-J. ROUSSEAU.)

Aucuns monstres par moi comptés jusqu'aujourd'hui,
Ne m'ont acquis le droit de faillir comme lui.

(RACINE.)

Il est un singe dans Paris,
A qui l'on avait donné femme;
Singe en effet d'*aucuns maris*,
Il la battait.

(LA FONTAINE.)

Il en est absolument de même pour *nul :*

Nulles actions remarquables, *nuls* hommes dignes d'être distingués, ne peuvent se dérober long-temps aux regards d'une assemblée qui veut et peut tout voir.

(J.-J. ROUSSEAU.)

Celles qui ne nous ménagent sur rien, et ne nous épargnent *nulles occasions* de jalousie, ne mériteraient de nous aucune jalousie. (LA BRUYÈRE.)

Nuls traits à découvert n'auront ici de place.

(LA FONTAINE.)

Il n'y a *nuls vices* extérieurs et *nuls défauts* qui ne soient aperçus des enfants.   (LA BRUYÈRF.)

Ils prétendent que *nuls malheurs* ne doivent abattre l'homme, ces ridicules déclamateurs qui ne connaissent pas la véritable infortune ni le vrai bonheur.   (MIRABEAU.)

PAGE 115, N° 586.

« CHAQUE veut toujours un substantif après lui :
« CHAQUE *pays a ses plantes particulières.* (Buffon.)
« Ne dites donc pas : *ces volumes coûtent cinq francs*
« CHAQUE; mais dites : *cinq francs* CHACUN. »

Les grammairiens,

> Du rigorisme embouchant la trompette,

vont répétant l'un après l'autre qu'il est incorrect de s'exprimer ainsi : *Ces volumes coûtent 6 francs* CHAQUE. Suivant eux, il faut absolument dire : *Ces volumes coûtent 6 francs* CHACUN. Et si vous leur demandez pourquoi, ils vous répondent que c'est parce que le mot *chaque* veut toujours après lui un substantif. Belle raison! comme s'il n'était pas permis d'employer un adjectif avec ellipse du nom auquel il se rattache. Aussi, plusieurs de nos écrivains se sont tellement cru ce droit, qu'ils ne se sont pas fait scrupule de faire usage indistinctement, en pareil cas, de *chaque* ou de *chacun;* et nous croyons qu'on peut sans crainte les imiter, surtout dans la conversation et dans le style épistolaire. D'ailleurs, qu'on fasse emploi de *chaque* ou de *chacun*, il y a toujours ellipse. *Ces volumes coûtent cinq francs chaque,* c'est pour *ces volumes coûtent cinq francs*

(non pas tous ensemble , mais) CHAQUE (VOLUME *séparément*).*Ces volumes coûtent cinq francs* CHACUN, est un abrégé de *ces volumes coûtent cinq francs* (non pas tous ensemble, mais) CHACUN (D'EUX *séparément*.) Or, ellipse pour ellipse, autant vaut se servir de *chaque* que de *chacun*.

Ainsi, de même qu'on dit: CHAQUE VOLUME *coûte cinq francs*, ou CHACUN DE CES VOLUMES *coûte cinq francs*, on peut dire à son gré : *ces volumes coûtent cinq francs chaque*, ou *ces volumes coûtent cinq francs chacun*.

Salomon avait douze mille écuries de dix chevaux *chaque*.　　　　(L'ABBÉ GUÉNÉE.)

Mille arpents, sous un seul propriétaire, ont chaque année un tiers de leur étendue en jachères et sont mis en valeur tout au plus par dix familles domestiques de cinq personnes *chaque*.

(BERN. DE SAINT-PIERRE.)

En 1825 l'Angleterre, d'après les états d'importation, a tiré de l'Indoustan 59,350 balles de coton du poids commun de 340 livres *chaque*. (J.-B. SAY.)

L'importation en Angleterre du coton d'Égypte s'est élevée en 1825 à 105,400 balles qui, à la vérité, ne sont pas très fortes, puisque leur poids commun ne va pas à 150 livres *chaque*.　　　(ID.)

On voit que les exemples pour justifier cet *emploi*, ne manquent pas.

OMISSIONS DE MM. NOEL ET CHAPSAL

RELATIVES AUX ADJECTIFS (1).

1ʳᵉ OMISSION.

DE L'EMPLOI DES EXPRESSIONS NUMÉRALES *vingt et
un* OU *vingt-un, trente et un* OU *trente-un,* ETC.

Dans la *Grammaire des Grammaires,* voici ce que
nous lisons:

On dit *vingt et un, trente et un, quarante et un,*
jusqu'à *soixante et dix* exclusivement ; mais on dit,
sans la conjonction, *vingt-deux, vingt-trois, trente-
deux, trente-trois, soixante-deux,* etc.

Cette règle est non seulement trop restreinte,
mais elle est encore inexacte ; elle doit être formulée
de la manière suivante :

1º On dit : *vingt et un* ou *vingt-un, trente et un* ou
trente-un, et ainsi jusqu'à *soixante.* L'analogie avec
les autres nombres composés, l'avantage d'une syllabe inutile supprimée, l'autorité des meilleurs écrivains, tout est favorable à la seconde manière de
s'exprimer, que quelques grammatistes regardent à
tort comme une faute.

2º A partir de *soixante* et jusqu'à *quatre-vingts,*
en parcourant toute la série, on peut encore très
bien dire : *soixante et un* ou *soixante-un, soixante et*

---

(1) Dorénavant nous ne signalerons plus les *omissions,* qui
sont si nombreuses qu'il faudrait plus d'un volume pour cela
seul.

deux ou *soixante-deux, soixante et trois* ou *soixante-trois*. L'autorité seule des écrivains ne laisserait d'ailleurs aucun doute à cet égard.

3° Mais il faut dire : *vingt-deux, vingt-trois*, etc.; *trente - deux, trente - trois*, etc.; *quarante - deux, quarante-trois*, etc. ; *cinquante-deux, cinquante-trois*, etc. ; *quatre-vingt-un, quatre-vingt-deux*, etc., jusqu'à *cent*.

Enfin, malgré l'opinion de Girault-Duvivier, nous pensons qu'on s'exprime également bien en disant *cent un* ou *cent et un, deux cent un* ou *deux cent et un*, etc. Exemples: *Paris, ou le livre des cent et un ; une période de deux cent et un ans.*

I.

VIENT ET UN, ETC.

Louis fut condamné à mort à la majorité de trois cent soixante-six voix sur *sept cent vingt et une*. (ANQUETIL.)

Il meurt plus d'hommes que de femmes, dans la proportion de trente-trois à *trente et un*. (BUFFON.)

Le roi Lombard Astolfe s'empara de tout l'exarchat de Ravenne en sept cent *cinquante et un*. (VOLTAIRE.)

VINGT-UN , ETC.

A *vingt-un* ans vous m'écriviez du Valois des descriptions graves et judicieuses. (J.-J. ROUSSEAU.)

Le livre de Josué rapporte que ce chef, s'étant rendu maître d'une partie du pays de Chanaan, fit pendre ses rois au nombre de *trente-un*. (VOLTAIRE.)

Un seul mot prononcé par *cent cinquante-un* individus rois pourrait arrêter le roi. (MIRABEAU.)

II.

Palawski..... au temps dont nous parlons, était âgé de *soixante et deux ans*. (RULHIÈRES.)

Âgé comme je suis de plus de *soixante et trois* ans. (BOILEAU.)

La première irruption des Gaulois en Italie arriva sous le règne de Tarquin l'ancien, environ l'an du monde trois mille quatre cent seize, et de la fondation de Rome le *soixante-cinquième*. (VERTOT.)

Marius, âgé de plus de *soixante et dix ans*, après six consulats qu'il avait exercés avec autant d'autori'é que de gloire, se vit réduit à se sauver de Rome à peid (VERTOT.)

Les mahométans ont eu comme nous des sectes et des disputes scolastiques; il n'est pas vrai qu'il y ait *soixante et treize* sectes chez eux : c'est une de leurs rêveries. Ils ont prétendu que les mages en avaient *soixante et dix*, les juifs *soixante et onze*, les chrétiens *soixante et douze*; et que les musulmans, comme plus parfaits, devaient en avoir *soixante et treize*. (VOLTAIRE.)

Le pape interrogea lui-même *soixante et douze* chevaliers. (ID.)

La Genèse, après avoir raconté la mort de Tharé, dit qu'Abraham son fils sortit d'Aran, âgé de *soixante et quinze ans*. (ID.)

Marius, âgé de plus de *soixante-dix ans*, n'avait pas soutenu dans cette dernière guerre cette haute réputation qu'il avait acquise dans celle des Teutons et des Cimbres. (VERTOT.)

Au nombre de trois cent *soixante-onze* seulement interprétant le vœu des trois cent *soixante-quatorze* autres députés qui formaient le complément de l'assemblée, ils se constituent *convention nationale*. (ANQULT.L.)

Le nommé Patrick Moriton, cordonnier à Dublin, paraît encore fort robuste, quoiqu'il soit actuellement (en 1773) âgé de cent quatorze ans : il a été marié onze fois, et la femme qu'il a présentement a *soixante-dix-huit ans*. (BUFFON.)

Les vieillards ont encore à soixante-dix ans l'espérance de six ans deux mois; à *soixante-quinze* l'espérance tout aussi légitime de quatre ans six mois de vie. (BUFFON.)

III.

Une livre sterling d'Angleterre vaut environ *vingt-deux* francs de France. (VOLTAIRE.)

Le marc de huit onces, qui valait *vingt-six* francs et dix sous, dans les premiers temps du ministère de Colbert, vaut depuis long-temps *quarante-neuf* livres seize sous. (ID.)

Abraham aurait eu cent *trente-cinq* ans quand il quitta la Chaldée.

Marius, à la tête de *quatre-vingt-cinq* cohortes, présenta la bataille à Sylla. (VERTOT.)

Toute la nation n'étant composée que de *cent quatre-vingt-treize* centuries, il s'en trouvait *quatre-vingt-dix-huit* dans la première classe; s'il y en avait seulement *quatre-vingt-dix-sept* du même avis, c'est-à-dire une de plus que la moitié de cent *quatre-vingt-treize*, l'affaire était nclue. (ID.)

Les chrétiens tinrent cinq conciles dans le premier siècle; seize dans le second, et *trente-six* dans le troisième. (ID.)

Rome commença à être regardée comme la plus puissante ville de l'Italie; on y comptait, avant la fin du règne de Romulus, jusqu'à *quarante-sept* mille habitants. (VERTOT)

Romulus, âgé de *cinquante-cinq* ans, et après *trente-sept* ans de règne, disparut sans qu'on ait pu découvrir de quelle manière on l'avait fait périr. (ID.)

L'homme qui est trente ans à croître vit *quatre-vingt-dix* ou cent ans. (BUFFON.)

Si l'on peut parier un contre un qu'un homme de quatre-vingts ans vivra trois ans de plus, on peut le parier de même pour un homme de *quatre-vingt-trois*, de *quatre-vingt-six* et peut-être encore pour un homme de *quatre-vingt-dix* ans. (ID.)

Le roi invita à souper dans son palais deux évêques, tout le sénat, et *quatre-vingt-quatorze* seigneurs. (VOLTAIRE.)

2me OMISSION.

Quel suivi de plusieurs noms liés par *et*.

Suivi de plusieurs noms unis par *et*, *quel* se met au masculin pluriel, quand les noms sont de différent genre; et au féminin pluriel, s'ils sont féminins. Exemples:

Mais *quels* que soient ton *culte* et ta *patrie*,
Dors sous ma tente avec sécurité. (CAMPENON.)

L'étude de l'histoire est la plus nécessaire aux hommes, *quels* que soient leur *âge* et la *carrière* à laquelle ils se destinent. (SÉGUR.)

Quelles que soient votre *fortune* et votre *position*.
(*Grammaire nationale.*)

5me OMISSION.

Quel suivi de plusieurs noms liés par *ou*.

Mais si *quel* est suivi de plusieurs noms liés par

ou, il prend le genre et le nombre du premier nom. Exemples :

Un meurtre, *quel* qu'en soit le prétexte *ou* l'objet,
Pour les cœurs vertueux fut toujours un forfait.

(CRÉBILLON.)

On pourrait déterminer QUELLES *réflexions* OU *jugements* ferait un homme, en conséquence des faits qu'il aurait dans la mémoire. (HELVÉTIUS.)

Voilà de ces grandes difficultés qu'ont habilement évitées MM. Noël et Chapsal.

4me OMISSION

Emplois divers du mot *tout.*

On dit : *ces hommes ou ces femmes étaient* TOUT YEUX, TOUT OREILLES ; mais quand TOUT est placé avant le mot AUTRE, il n'est pas toujours facile de distinguer si *tout* est adverbe ou adjectif. Écrivez : *cette ferme est* TOUT *autre qu'elle n'était sous votre pr e;* c'est-à-dire *entièrement autre.* Mais écrivez : *votre mère ne vous a point écouté ;* TOUTE AUTRE se *serait rendue à vos promesses. Toute* est ici adjectif, parce qu'il ne peut pas être remplacé par *entièrement*, et qu'on analyserait : TOUTE *personne autre qu'elle*, etc.

Tout, employé dans le sens de *chaque*, disent presque tous les grammairiens, se met toujours au singulier ; mais l'usage est contre eux. Exemples :

Avec le singulier :	Avec le pluriel :
En TOUTE chose il faut considérer la fin. (LA FONTAINE.) La sotte gloire est de TOUT pays. (Mad. DE SÉVIGNÉ.)	En TOUT pays, tous les bons cœurs sont frères. (FLORIAN.) Ceux que nous appelons anciens, étaient véritablement nouveaux en TOUTES CHOSES. (PASCAL)

CHAPITRE VI.

DES PRONOMS.

PAGE 120. N° 415.

« Les pronoms *lui, leur, eux, elle, elles,* em-
« ployés comme régimes indirects, ne s'appli-
« quent qu'aux personnes et aux choses personni-
« fiées. Ainsi il ne faut pas dire : *cette maison menace*
« *ruine, n'approchez pas d'*ELLE; *ce cheval est méchant,*
« *ne* LUI *touchez pas; ces bâtiments n'étant pas assez*
« *grands,* JE LEUR *ferai ajouter une aile;* dans ce cas
« on se sert des pronoms *en* et *y* : n'en approchez
« pas, n *y* touchez pas , j'*y* ferai ajouter, etc. »

Cette règle, que donnent MM. Noël et Chapsal,
nous semble trop absolue. En effet, la substitution
qu'ils proposent n'est pas toujours possible; aussi
nos bons auteurs se sont-ils souvent écartés de cette
règle. Exemples : *On ne saurait dire si Ésope eût*
sujet de remercier la NATURE *ou de se plaindre d'*ELLE.
(La FONTAINE.) *Les arts et les sciences doivent être*
encouragés, c'est par EUX *que les nations deviennent*
florissantes. (RAYNAL.) *Il faut acquérir les* CŒURS *dé-*
*fiants pour venir à bout d'*EUX. (PIRON.)

Des pronoms démonstratifs.

PAGE 121, N° 417.

« Le pronom *ce* , placé au commencement
« d'une phrase, doit être répété dans le second

« membre de la phrase, lorsque celui-ci commence
« par le verbe *être : ce que je désire le plus*, c'est d'al-
« *ler vous voir; — ce qui me fâche*, c'est *qu'on m'in-
« terrompe à tout moment; — ce qui m'attache à la vie*,
« c'est *vous; — ce qui m'indigne*, ce sont *les injus-
« tices des hommes.*

« *Remarque.* La répétition du pronom *ce* n'est
« pas de rigueur, lorsque le verbe *être* est suivi
« d'un substantif singulier; l'usage permet de dire :
« *ce qui mérite le plus notre admiration*, c'est ou est
« *la vertu.* »

MM. Noël et Chapsal se trompent ; car l'usage
permet de répéter ou de supprimer le pronom *ce*
avec un nom PLURIEL aussi bien qu'avec un nom
singulier. Exemples : *Après les bonnes* leçons, ce
qu'il y a de plus instructif sont les ridicules. (Duclos.) Ce qu'on souffre avec le moins de patience,
sont les perfidies, les trahisons, les noirceurs.

(Th. Corneille.)

Ce poison, préparé des mains de l'artifice,
Sont les armes d'un sexe aussi trompeur que vain.

(Voltaire.)

PAGE 022, N° 409.

« III. Celui, ceux, celle, celles, expriment
« une idée générale qui a toujours besoin d'être
« restreinte, soit par un régime indirect,

Les défauts de Henri IV étaient ceux *d'un homme* aimable ;

« soit par un pronom relatif placé immédiatement
« après :

Ceux *qui* font des heureux, sont les vrais conquérants.

« C'est pourquoi ces pronoms ne doivent ja-
« mais être suivis immédiatement d'un adjectif ou
« d'un participe. Ainsi, au lieu de dire : *celle ai-*
« *mable, celle écrite,* il faut dire : *celle qui est aima-*
« *ble, celle qui est écrite.* »

Cependant nos bons auteurs se sont très souvent
écartés de cette règle. Exemples : J'ai joint à ma
lettre *celle écrite* par le prince. (RACINE.) Les éditions
postérieures *à celles données* par Corneille. (VOL-
TAIRE.) Le goût de la philosophie n'était pas alors
celui dominant. (*Id.*)

Et récemment encore M. Thiers disait du haut de
la tribune nationale : *Il faut du courage et du dé-*
vouement pour accepter dans des circonstances comme
CELLES ACTUELLES, *un pouvoir écrasant par son poids.*
Le journal de la langue française a soutenu que cette
phrase, *apportez-moi des fruits, et surtout* CEUX
CUEILLIS *ce matin,* est correcte.

Des pronoms relatifs.

PAGE 025, N° 422.

« Le pronom *relatif* prend toujours le genre,
« le nombre et la personne de son antécédent : *moi*
« QUI SUIS ESTIMÉ, *toi* QUI ES ESTIMÉ, *lui* QUI EST ES-
« TIMÉ, *elle* QUI EST ESTIMÉE, *nous* QUI SOMMES ESTI-
« MÉS, *vous* QUI ÊTES ESTIMÉS, etc. »

« Ainsi Molière n'aurait pas dû dire :

Ce n'est pas moi qui *se* ferait prier.

« L'antécédent de *qui* est *moi*; *qui* est donc de la

« première personne, et veut conséquemment que
« le verbe dont il est le sujet adopte cette personne ;
« on doit dire : *qui* ME FERAIS *prier*, comme on dit :
« JE *me ferais prier*. »

Ce principe posé, les exemples qui suivent sont-ils
corrects :

Britannicus est seul : que q ie eon
qui le presse.

Il ne voit dans son sort que MOI
(QUI S'INTÉRESSE.
(RACINE.)

Je ne vois plus que VOUS QUI la
(PUISSE défendre.
(ID.)

Voilà, Monsieur, de grands
embarras, et il n'y a que *vous
seu' qui puisse* débrouiller une
affaire si embarrassée.
(FÉNELON.)

Il n'avoi que MOI QUI PUT le se-
(couïir.
(VOLTAIRE.)

M. Lemare approuve cette construction, où il ne
voit qu'une ellipse très simple, et il a raison. En effet,
dans ces phrases, *qui* se rapporte au mot *personne*,
individu sous-entendu. La construction pleine est
donc : *il ne voit* (aucune personne, aucun individu
autre) *que moi qui s'intéresse ; je ne vois plus* (d'autre
personne, d'autre individu) *que vous qui la puisse
défendre*, etc.

Ainsi, dit M. Dessiaux, toutes les fois que l'on
peut sous-entendre *personne, nul, individu*, il est
permis, dans des phrases semblables, d'imiter Voltaire, Racine, Fénélon. Je trouve donc, ajoute-t-il,
qu'il existe une différence dans les deux phrases
suivantes :

Il n'y a que moi qui aime mon épouse.
Il n'y a que moi qui aime son épouse.

La première signifie : *mon épouse n'es taimée que
de moi.*

La seconde : *nul homme n'aime son épouse, excepté moi.*

Madame de Sévigné s'est donc bien exprimée en disant : *Il n'y a que* MOI QUI PASSES A VIE *à être occupée et de la présence et du souvenir de la personne aimée.*

Voilà, pour le singulier. Mais peut-on imiter ce passage de Molière :

> Nous chercherons partout à trouver à redire,
> Et ne verrons que *nous qui sachent* bien écrire.

Nous ne sommes pas médiocrement surpris que M. Dessiaux l'ait condamné ; il nous semble que la construction étant exactement la même que celle des exemples que nous venons d'analyser, on ne saurait justifier l'une, sans aussi, pour être conséquent, justifier l'autre. La différence du pluriel n'y fait absolument rien. Or, en réintégrant les mots ellipsés, voici quelle est l'analyse : *Nous ne verrons* (d'autres personnes, d'autres auteurs) *que* NOUS QUI SACHENT *bien écrire. Qui* se rapporte, comme on le voit, au mot pluriel *personnes* ou *auteurs* sous-entendu, et Molière ne peut être blâmé d'avoir mis le verbe à la troisième personne du pluriel. Néanmoins, dirons-nous en terminant, il faut, dans toutes les phrases analogues, suivre la construction généralement en usage, celle où l'on fait accorder le verbe avec le nom personnel qui précède le *qui* relatif, comme dans ces deux exemples :

> Je ne vois que *nous deux qui soyons* raisonnables.
>
> (COLIN-D'HARLEVILLE.)

> Il n'y eut que *moi qui espérai* la victoire.   (FÉNELON.)

PAGE, 123, N° 423.

« — *Remarque*. L'adjectif n'ayant par lui-même
« ni genre ni nombre, ni personne, ne peut servir
« d'antécédent au pronom relatif; et au lieu de
« dire : *nous étions deux qui étaient du même avis*, on
« doit dire : *nous étions deux qui étions du même avis*,
« en donnant pour antécédent au pronom relatif le
« sujet du verbe précédent. »

Cette règle nous paraît trop absolue, car, les écrivains ont fait également usage de la première, de la
seconde et de la troisième personne après *qui*. Les
exemples suivants le prouvent jusqu'à l'évidence :

ACCORD A LA 1re OU A LA 2e PERSONNE.	ACCORD A LA 3e PERSONNE.
Je suis Diomède, roi d'É-tolie, *qui blessai* Vénus au siége de Troie. (FÉNELON.)	Êtes-vous encore *ce même grand seigneur qui cam* *per chez un misérable p...*? (BOILEAU.)
Je suis une bourgeoise qui sais me mesurer justement à ma toise. (REGNARD.)	Vous êtes toujours *ce mo-deste l'argile qui* eut tant de peine à se produire à la cour d'Auguste. (FÉNELON.)
Et *qui êtes-vous?* que de *vils instruments* que je p.is briser à ma fantaisie ; *qui n'existez* qu'autant que vous savez obéir. (MONTESQUIEU.)	Nous sommes, au milieu de l'Italie, comme *des enfants abandonnés qui errent* parmi les ruines d.s palais de leurs aïeux. (VILLEMAIN.)
En France, *vous êtes tous honnêtes gens, trente mil-lions d'honnêtes gens qui voulez* gouverner le peuple par la morale et la religion. (P.-L. COURIER.)	Notre premier soin fut de nous habiller fort proprement ; puis nous donnant pour *deux frères galiciens qui voyageaient* par curio-sité, nous connûmes bientôt de fort honnêtes gens. (LESAGE.)
Nous sommes deux reli-gieux de Saint-Bernard *qui*	Mais Aceste, nous prenant pour *des étrangers qui* cr-

6

voyageons pour nos affaires.
(FLORIAN.)

Vous êtes un couple de fripons qui me jouez d'intelligence. (J.-J. ROUSSEAU.)

C'est là que *vous me vîtes.*

ô grande déesse qui habitez cette île! (FÉNELON.)

*Nous sommes cinq amis que la joie
(accompagne.
Qui travaillons ce soir au bon vin de
(Champagne
(REGNARD.)*

Vous êtes des enfants qui, dans vos jeux, ne savez que faire du mal aux hommes.
(J.-J. ROUSSEAU.)

Vous êtes un jeune chêne qui essuyez une tempête, et moi je suis un vieux arbre qui n'a plus de racine.
(VOLTAIRE.)

*Je ne suis ni gé nt ni sauvage,
Mais chevalier errant, qui rends
(grâces aux dieux
D'avoir trouvé dans ce bocage
Ce qu'à peine on pourrait rencontrer
(dans les cieux.*
(LA FONTAINE.)

chaient leur dessein, ordonna qu'on nous envoyât dans une forêt voisine. (FÉNELON.)

Vous êtes venu, *en vrai philosophe,* en *homme qui a* l'esprit éclairé et un cœur bienfaisant. (VOLTAIRE.)

Paris est fort bon pour *un homme* comme vous, monsieur, *qui porte* un grand nom et qui le soutient. (ID.)

Je suis *l'homme qui accoucha* d'un œuf. (ID.)

Vous êtes *un génie tutélaire qui est venu* consolider la paix. (LAVEAUX.)

Je suis *ce Tancrède qui a ceint* l'épée pour J.-C.
(Traduct. de la Jérus.)

*... Oui, connais-moi, je suis ce grec
(enfin,
Qui, dans ces mêmes murs, balança
(ton destin.*
(LAHOUE.)

À la suite de ces citations, que nous avons cru devoir multiplier, la déduction qu'il faut tirer devient facile, car, en présence des faits clairement rassemblés, les difficultés, quelque grandes qu'elles soient, s'évanouissent.

Nous dirons donc :

(1re colonne.) Quand un nom personnel et son attribut ne présentent pas à l'esprit deux êtres distincts, le conjonctif *qui,* se rapportant nécessairement au premier, le verbe se met à la première ou à la seconde personne, soit du singulier, soit du pluriel.

(2e colonne.) Mais si le nom personnel et son

attribut, quoique identiques, forment à l'idée comme deux êtres séparés, dans ce cas, *qui* est relatif à l'attribut et demande conséquemment le verbe, dont il est le sujet, à la troisième personne.

Il en est de même, lorsqu'il y a deux individus différents, comme dans ces exemples :

Tu n'es ni *David qui tua* le géant Goliath, ni *Judith qui immola* Holopherne.
(Le ch. D.)

Si *vous* étiez fort comme *Samson qui fit* écrouler les voûtes du temple, etc.
(GIRAULT-DUVIVIER.)

L'être représenté par *tu* n'est pas celui que désigne le mot *David* ; et, comme c'est ce dernier qui a fait l'action de *tuer*, c'est à lui seul que doit se rapporter le verbe qui marque cette action. Le raisonnement est le même pour tous les exemples semblables.

Enfin le verbe se met encore à la troisième personne lorsque la proposition est négative, car alors il n'y a plus d'identité :

Je ne suis pas *un orphelin qui n'eut* jamais connaissance de ses parents. (BONIFACE.)

Je ne suis pas ici *un historien qui doit* vous développer les secrets des cabinets. (BOSSUET.)

PAGE 123, N° 424.

« Le pronom relatif doit toujours être placé
« près de son antécédent ; toute autre place ren-
« drait sa correspondance louche et équivoque.
« Ainsi Boileau n'est pas à imiter quand il dit :

La *déesse*, en entrant, *qui* voit la nappe mise.

« Il devait dire : *la déesse qui*, en entrant, *voit* la
« *nappe mise*, afin de rapprocher le relatif *qui* de
« son antécédent *déesse*. »

Après avoir posé en principe que les adjectifs,
conjonctifs, vulgairement dits pronoms relatifs, ne
doivent jamais être séparés de leur antécédent, les
grammairiens, comme à l'envi les uns des autres, condamnent toute construction qui s'écarte de ce principe. Ainsi, de par d'Olivet, Lévizac, Girault-Duvivier et MM. Noël et Chapsal, qu'on est toujours
sûr de rencontrer quand il y a quelque erreur à
conserver, il ne faut pas imiter Regnard, Boileau,
La Fontaine, Racine, Montesquieu, J.-B. Rousseau,
Rulhières dans les exemples suivants; attendu que les
adjectifs conjonctifs *qui, que, dont* se trouvent séparés
des noms auxquels ils ont rapport. N'en déplaise à
tous les d'Olivets du monde, nous écrierons-nous avec
M. Dessiaux, tous ces exemples sont non seulement
corrects, mais encore élégamment construits, et
nous venons nous en constituer les défenseurs.

Examinons : Quand MM. Noël et Chapsal établissent que le *pronom relatif* doit toujours être placé
près de son antécédent, ils ajoutent aussitôt que toute
autre place rendrait sa correspondance louche et
équivoque. Nous le demandons, dans les citations
qui suivent, aucune équivoque, aucune ambiguité
est-elle à craindre? Le sens, au contraire, n'est-il
pas parfaitement clair, puisque les relatifs *qui, que,
dont* ne sont distraits de leur antécédent que par des
verbes ou des adjectifs avec lesquels il est impossible
de les faire rapporter?

Concluons donc que les écrivains se sont bien ex-
primés, que la construction attaquée, loin d'être
vicieuse, est bonne et peut être imitée; enfin, que le
principe des grammairiens ne doit être observé,
qu'autant que les adjectifs conjonctifs *qui, que, dont*

séparés de leur antécédent, donneraient réellement lieu à un sens louche ou équivoque :

Ah ! qu'un *père* est heureux, *qui* voit,
[en ce moment,
Un cher fils revenir de son égarement.
[REGNARD.]

Un *loup* survint à jeun, *qui* cher-
(chait aventure.
(LA FONTAINE.)

Que les mœurs du pays où vous vivez sont saintes, *qui* vous arrachent à l'attentat des plus vils esclaves !
(MONTESQUIEU.)

Un *homme* restait seul, *qui* avait été employé sous le ministère des étrangers.
(RULHIÈRES.)

La *déesse* en entrant, *qui* voit la pa-
[pe mise,
Admire un si bel ordre, et reconnaît
[l'église.
[BOILEAU.

Une *fille* en naquit, *que* sa mère a
[célée.
(RACINE.)

Il ne peut pas dire que ces *grands hommes* aient failli, *qui* ont combattu pour la même cause dans les plaines de Marathon. (BOILEAU.)

Un *prince* nous poursuit, *dont* le fa-
[tal génie)
(J.-B. ROUSSEAU.)

CHAPITRE VI.

DES PRONOMS.

PAGE 105, N° 399.

« Les pronoms, ayant toujours par eux-
« mêmes une signification déterminée, ne doivent
« pas représenter un substantif pris dans un sens
« indéterminé, c'est-à-dire employé sans article ou
« aucun adjectif déterminatif. On ne dira donc
« pas :

S'il a *droit* de répondre, qui *le* lui a accordé ?

Il demande *grâce*, quoiqu'il ne *la* mérite pas.

Il nous a reçus avec *politesse qui* nous a charmés.

« Pour que ces phrases soient correctes, il faut
« faire précéder les substantifs *droit, grâce, politesse*
« de l'article ou d'un adjectif déterminatif :

S'il a *le droit* de répondre, qui le lui a accordé ?

Il demande *sa grâce*, quoiqu'il ne la mérite pas.

Il nous a reçus avec *une politesse* qui nous a charmés.

« *Remarque.* Lorsque le génie de notre langue
« n'admet pas l'article ou un adjectif déterminatif
« avant le substantif, on prend un autre tour, et
« cette phrase : *quand nous nous mîmes en* MER, *elle*
« *était paisible*, doit être corrigée ainsi : *quand nous*
« *nous embarquâmes , la mer était paisible;* le génie

« de la langue ne permettant pas de dire : *quand*
« *nous nous mîmes en* LA *mer.* »

Cette règle nous semble trop absolue ; car si nous
consultons les écrivains, nous voyons qu'ils ne se
sont pas fait scrupule de se servir des pronoms après
les substantifs indéterminés. En effet, Racine a dit

Quand je me fais *justice*, il faut qu'on *se la* fasse.

J.-J. Rousseau : En devenant capable d'*attache-
ment*, il devient sensible à *celui* des autres. Conder-
cet : Une âme noble rend *justice*, même à ceux qui
la lui refusent. Marmontel : Je suis en bonne *santé*,
je *la* dois à l'exercice et à la tempérance. VOLTAIRE :
On a raison d'appeler son bien *fortune* ; car un moment *la* donne, un moment *l*'ôte. Maugard : Vous leur
faites apprendre beaucoup de règles, et ensuite traduire du français qu'ils entendent mal, en *latin* qu'ils
n'entendent pas du tout.

Il n'y a rien à opposer à ces faits, et à des milliers
d'autres semblables, que nous pourrions citer au besoin. Il faut donc conclure que toutes les fois que
l'idée du substantif pris indéterminément est assez
saillante pour se faire considérer à part, on peut le
représenter par un pronom.

PAGE 120, N° 400.

« Le pronom *soi* est toujours du nombre singu-
« lier ; il se dit des personnes et des choses ; mais
« appliqué aux personnes, il ne s'emploie qu'a-
« vec une expression vague, comme *on, chacun,*
« *personne, quiconque,* etc. : ON *doit rarement parler*
« *de* SOI. QUICONQUE *rapporte tout à* SOI *n'a pas beau-*

« coup d'amis (Acad.); ou avec un infinitif : *ne*
« *vivre que pour* soi, *c'est être déjà mort. L'aimant at-*
« *tire le fer à* soi. »

Voyez la puissance des assertions fausses! Parce
que certains grammairiens, malheureusement trop
répandus, ont dit que le pronom *soi* est toujours du
nombre singulier, tout le monde de croire et de répéter, après eux et sans examen, que ce pronom ne
s'emploie jamais avec des noms pluriels. Et pourtant Buffon n'a-t-il pas dit: *tous les animaux ont en*
soi un instinct qui ne les trompe jamais. Y a-t-il des
corps subtiles en soi. (Condillac.) Et ne disons-nous
pas tous les jours *des* soi-*disant docteurs, des* soi-
disant beaux esprits. L'inimitable La Fontaine n'a-
t-il pas dit: *à demeurer chez* soi *l'un et l'autre s'obs-*
tinent? Or dans tous ces exemples *soi* n'est-il pas
au pluriel et des deux genres?

Passons à une autre critique.

Quand le pronom *soi* se rapporte au sujet de la
proposition, doit-il s'exprimer par *lui*, par cela seul
que le sujet est précis, et qu'il ne consiste pas dans
une de ces expressions *on, chacun, personne, qui-*
conque, ou dans un *infinitif*, etc.? Nos bons auteurs,
dans lesquels nous devons puiser nos règles de grammaire, ont reconnu que trop souvent, dans ce cas,
l'emploi du pronom *lui* offre une équivoque, et généralement ils font usage de *soi*. Exemples:

Si jamais l'Angleterre revient à soi, la postérité
n'aura jamais assez de louanges pour célébrer les
vertus de la religieuse Élisabeth.   (Bossuet.)

Le chat ne paraît sentir que pour *soi*.   (Buffon.)

Apprenez qu'il n'en est pas une qui ne traîne après

soi le trouble et la douleur.   (Mme DESHOULIÈRES.)

Idoménée revenant à soi remercia ses amis. (FÉNELON.)

L'ardeur de s'enrichir chasse la bonne foi.
Le courtisan n'a plus de sentiment à soi.   (BOILEAU.)

Ou mon amour me trompe, ou Zaïre, aujourd'hui,
Pour l'élever à soi descendrait jusqu'à lui.   (VOLTAIRE.)

Maintenant, que devient la règle de MM. Noël et Chapsal, qui avancent que le pronom *soi* ne peut se construire qu'avec un sujet vague et indéterminé, comme *on, quiconque, chacun,* etc.? Cette règle est évidemment fausse.

PAGE 124, N° 425.

« *Qui*, régime d'une préposition, ne peut se « dire que des personnes et des choses personni- « fiées :

Le bonheur appartient *à qui* fait des heureux. (DELILLE.)

Rochers A QUI *je me plains.*   (MARMONTEL.)

« Ne dites donc pas: *l'étude à* QUI *je consacre* « *mes loisirs; le cheval* SUR QUI *je suis monté,* etc. « Dans ce cas, on remplace *qui* par *lequel, laquelle,* « *l'étude* A LAQUELLE *je,* etc.; *le cheval sur* LEQUEL « etc., etc. »

En poésie il est permis de déroger à ce principe, et nos meilleurs poètes en offrent l'exemple :

Soutiendrez-vous un faix SOUS QUI *Rome succombe?*
                    (CORNEILLE.)

Je pardonne à la main par qui Dieu m'a frappé. (VOLTAIRE).

6.

Racine, J.-J. Rousseau, Delille en présentent aussi des exemples. Mais si cette inexactitude grammaticale est tolérée, c'est qu'elle donne plus de nerf et de précision à l'expression, et qu'en poésie tout s'anime, et qu'on personnifie souvent les objets.

PAGE 125, N° 450.

« Au lieu de *on*, il faut employer *l'on* pour éviter « certaines consonnances désagréables qui ont lieu « principalement après *et*, *si*, *ou : et l'on dit, si l'on* « *voit, ou l'on verra.* Cependant on doit faire usage « de *on* devant *le, la, les, lui : et on le dit, si on la* « *voit, ou on le verra,* pour éviter la répétion désa- « gréable de l'articulation *l'*.

« Au commencement d'une phrase, il faut préfé- « rer *on* à *l'on*, parce qu'alors il n'y a aucune mau- « vaise consonnance à éviter. »

J'ai consulté nos meilleurs écrivains pour voir si leur exemple avait servi à fonder cette règle; grand désappointement : cinquante, parmi lesquels je citerai Racine, Fénelon, Bossuet, La Bruyère, La Fontaine, Voltaire, Montesquieu, Marmontel, etc., l'ont ignorée; ils ont commencé non seulement des phrases, mais des alinéas par *l'on.* Laveaux s'est montré sage en disant que c'est à l'oreille de décider des cas où *l'on* doit être préféré à *on*.

Je conviens cependant qu'il est mieux, en général, d'employer *on* que *l'on* au commencement d'une phrase; mais le contraire n'est pas une faute, n'est pas même ridicule.

Quant à *si on, et on, ou on,* ces hiatus ne sont pas

plus durs que ceux des mots *Sion, Léon, loüons;* aussi les trouve-t-on partout. (DESSIAUX.)

PAGE 126, N° 420.

« *Chacun* prend *son, sa, ses,* quand il est après le
« régime direct, ou que le verbe n'a pas de régime
« de cette nature :

Ils ont apporté leurs offrandes, *chacun* selon *ses* moyens.

Les deux rois se sont retirés, *chacun* dans *sa* tente.

Ils ont opiné, *chacun* à *son* tour.

« *Chacun* prend *leur, leurs,* lorsqu'il précède le
« régime direct :

Ils ont apporté, *chacun, leurs* offrandes.

Ils ont donné, *chacun, leur* avis.

Citons quelques exemples :

Ils sont venus, *chacun* avec *ses* gens. (TRÉVOUX.)	Ils sont venus, *chacun* avec *leurs* gens. (TRÉVOUX.)
Tous les juges ont opiné, *chacun* selon *ses* lumières. (LAVEAUX.)	Tous les juges ont opiné, *chacun,* selon *leurs* lumières. (LAVEAUX.)
Lépidus ayant fait le signal dont on était convenu, les deux généraux passèrent dans dans l'île, *chacun* de *son* côté. (VERTOT.)	Tous les animaux logés, *chacun,* à *leur* place dans ce grand édifice, sentent très-bien que le fourrage, l'avoine qu'il renferme leur appartiennent de droit. (VOLTAIRE.)

Malgré ce qu'avancent Girault-Duvivier et
MM. Noël et Chapsal, fidèles échos du premier, nous
pensons, avec Laveaux et Trévoux, qu'on peut très
bien dire : *Tous les juges ont opiné, chacun selon ses
lumières, ou chacun selon leurs lumières; ils sont*

venus, chacun avec ses gens, ou *chacun avec leurs gens.* Nous le savons, c'est détruire la règle des grammairiens, qui veulent que *chacun* soit toujours suivi de *son, sa, ses, etc.*, quand le verbe de la proposition principale n'a pas de complément, et que celle-ci offre un sens fini avant *chacun ;* mais pourquoi donc établir des règles qu'on ne saurait suivre? Pourquoi gêner et circonscrire la pensée? A notre avis, la différence des deux manières d'écrire est toute dans la ponctuation. Voulons-nous dire : *Les juges ont opiné, chacun, selon leurs lumières,* nous mettrons *chacun* entre deux virgules; si, au contraire, nous voulons nous exprimer de cette manière: *Les juges ont opiné, chacun selon ses lumières,* il n'y aura qu'une virgule après *opiné.* Cette ponctuation doit, ce nous semble, faire sentir la différence des deux constructions, et conduire à reconnaître que l'une et l'autre sont très correctes. L'analyse, d'ailleurs, va nous en montrer le mécanisme. La première, *les juges ont opiné, chacun, selon leurs lumières,* se décompose par *les juges ont opiné selon leurs lumières, chacun opinant selon les siennes ;* et la seconde: *les juges ont opiné, chacun selon ses lumières,* c'est pour *les juges ont opiné, et ils ont opiné, chacun selon ses lumières.*

PAGE 126, Nᵒˢ 452 ET 453.

« *Personne,* est pronom indéfini et substantif.

« *Personne,* pronom indéfini, a un sens vague, « et s'emploie sans l'article, ni aucun adjectif dé- « terminatif; alors il signifie *aucune personne, qui* « *que ce soit,* et est masculin.

Personne n'est assez *sot* pour le croire.

Il n'y a *personne* qui n'en soit *fâché.*

« — *Personne,* substantif, a un sens déterminé ;
« il est accompagné de l'article ou d'un adjectif dé-
« terminatif et est féminin : »

De quel nom *personne* tient-il la place? C'est une
vraie mystification. Quoi! dans un ouvrage qui est
donné pour le résumé de ce que les grammairiens
ont pensé de mieux dans la science du langage, nous
retrouvons encore les traces de la barbarie du
moyen-âge !

PAGE 126, N°s 433. et 456.

« *L'un et l'autre, les uns et les autres,* éveil-
« lent simplement une idée de pluralité ; *l'un*
« *l'autre, les uns les autres,* à l'idée de pluralité
« ajoutent celle de réciprocité. Ainsi l'on dira de
« Racine et de Boileau : L'UN ET L'AUTRE *furent*
« *deux grands poètes; ils s'estimaient* L'UN L'AUTRE.

« *Remarque.* Quand il y a plus de deux objets, la
« réciprocité doit s'exprimer par *les uns les autres,*
« et non pas par *l'un l'autre: mille soldats s'excitent*
« LES UNS LES AUTRES *au combat. — L'un et l'autre*
« serait contre la grammaire. »

Les écrivains donnent un démenti formel à cette
dernière règle ; car ils ont dit avec le singulier :

L'amour de Dieu leur sert d'excuse (aux *dévots*)
pour n'aimer personne. Ils ne s'aiment pas même
l'un l'autre.   (J.-J. ROUSSEAU.)

Les *perfectionnements* industriels s'entraînent *l'un*
l'autre.   (SAY.)

Les citoyens se fuyaient *l'un l'autre.* (SISMONDI.)

Il n'est pas possible que les petits *vers* n'enjam
bent *l'un sur l'autre.* (J.-B. ROUSSEAU.)

Le bruit de nos trésors les a tous attirés (les *Romains.*)
Ils y courent en foule, et, jaloux *l'un de l'autre*,
Désertent leur pays pour inonder le nôtre. (RACINE.)

Sous des berceaux de fleurs, nos *heures* fortunées.
S'envolent mollement *l'une à l'autre* enchaînées.
(CHATEAUBRIAND.)

Tous ses *projets semblaient l'un l'autre* se détruire,
(RACINE.)

Lorsqu'après un verbe réciproque, dont le sujet
représente un certain nombre d'individus, on ajoute,
soit pour la clarté, soit pour l'harmonie ou l'énergie,
l'expression *l'un l'autre*, etc., cette expression se met
au singulier ou au pluriel, selon que le sens le réclame, et assez souvent selon la volonté de l'écrivain,
ce que l'on affirme de plusieurs à l'égard de plusieurs
ayant nécessairement lieu de chacun à l'égard de
chacun, dans les deux groupes opposés. Dans cette
phrase : *les citoyens se fuyaient l'un l'autre*, le singulier est plus expressif : Chaque citoyen fuyait son
semblable.

La même observation s'applique à *l'un l'autre*, etc.,
lorsqu'il est complément d'une préposition.

C'est donc bien à tort que Girault-Duvivier et
MM. Noël et Chapsal condamnent le singulier dans
ces vers de Racine :

Puisse le ciel verser sur toutes vos années
Mille prospérités *l'une à l'autre* enchaînées.

Nous croyons que toutes les fois qu'il s'agit d'une
chaîne, d'une suite, d'une succession, etc., où les
objets vont *un à un*, le singulier mérite la préférence,
ou plutôt devrait être seul permis.

CHAPITRE VII.

DU VERBE.

PAGE 123, N° 439.

« Le sujet d'un verbe ne doit pas être exprimé
« deux fois, quand un seul sujet suffit au verbe.
« Ainsi l'auteur de la Henriade n'est pas à imiter,
« quand il dit :

Louis, en ce moment, prenant son diadème,
Sur le front du vainqueur il le posa lui-même.

« *Posa* a pour sujet *Louis* et *il*; et il est évident
« que le verbe n'en exige qu'un : *Louis posa, il posa*;
« un de ces sujets est donc superflu, et conséquem-
« ment le poète aurait dû dire : *Louis, en ce moment,*
« *prenant son diadème, sur le front du vainqueur le*
« *posa lui-même.* »

Cependant nos bons auteurs n'ont pas craint d'en-
freindre cette règle, et MM. Lemare, Bescher et
plusieurs autres grammairiens soutiennent qu'on peut
les imiter quand le sujet est éloigné du verbe et que
l'idée commence à s'en affaiblir. Exemples : *Lici-*
nius étant venu à Antioche et se doutant de l'impos-
ture, IL *fit mettre à la torture les prophètes de ce*
nouveau Jupiter. (FONTENELLE.) *Les Romains se*
destinant à la guerre et la regardant comme le seul
art, ILS *avaient mis tout leur esprit et toutes leurs*
pensées à le perfectionner. (MONTESQUIEU.)

PAGE 126 N, ° 443,

« Quand deux sujets sont unis par OU, le verbe

« dans ce cas s'accorde avec le dernier sujet, la con-
« jonction *ou* donnant l'exclusion à l'un des deux.
« Exemple :

« *Ou ton sang, ou le mien* LAVERA cette injure. »

(VOLTAIRE.)

Mais malgré l'opinion contraire de MM. Noël et
Chapsal, on peut dire avec le pluriel : *le bonheur* ou
la *témérité* ONT pu faire *des héros.* (MASSILLON.)
L'ignorance ou *l'erreur* PEUVENT quelquefois servir d'excuse aux méchants. (BERN. DE ST.-PIERRE.)
La *peur* ou le *besoin* FONT tous les mouvements de
la souris. (BUFFON.) Le *temps* ou la *mort* SONT nos
remèdes. (J. - J. ROUSSEAU.) La conjonction *ou*
marque ici division et non exclusion ; on aurait pu
sans doute mettre le verbe au singulier, mais le pluriel était préférable.

PAGE 150, N° 446.

« Quand un verbe a deux sujets liés par une des
« conjonctions comparatives *comme, de même que,*
« *ainsi que, autant que, non moins que, aussi bien*
« *que,* on le fait accorder, disent MM. Noël et Chap-
« sal, ainsi que M. Boniface, avec le premier sujet. »

‹ L'enfer, *comme* le ciel, PROUVE un Dieu juste et bon.

‹ La vertu, ainsi que le savoir, a son prix.

Cette règle est trop absolue, car nos bons auteurs
ont mis le verbe au pluriel, lorsqu'au lieu d'exprimer
une simple comparaison, ils ont voulu marquer
l'union, la *simultanéité,* comme dans les phrases
suivantes : *la tête,* AINSI que *la gorge,* SONT *cou-
vertes d'un duvet court.* (BUFFON.) *La santé,* COMME
la fortune, RETIRENT *leurs faveurs à ceux qui en
abusent* (SAINT-EVREMONT.) *Dans l'Égypte,* Bacchus, AINSI QU'*Hercule, étaient reconnus comme*

demi-dieux. (VOLTAIRE.) Cette règle est également applicable aux adjectifs.

PAGE 130, N° 450.

« Tout verbe qui a pour sujet un *collectif,* s'ac-
« corde, disent MM. Noël et Chapsal, avec ce col-
« lectif s'il est *général. L'infinité des perfections de*
« *Dieu m'*ACCABLE. (ACAD.) *La totalité des enfants*
« SACRIFIE *l'avenir au présent.* »

Encore est-il bon de prévenir que les écrivains en pareil cas, ont souvent fait usage du pluriel : LA MOITIÉ *de nos concitoyens épars dans le reste de l'Europe et du monde,* VIVENT *et* MEURENT *loin de la patrie.* (J.-J. ROUSSEAU.) *L'infinité des perfections de Dieu* SONT *inexprimables.* (CAMINADE.) *La moitié des arbres* SONT *morts.* (Académie.)

PAGE 130, N° 450.

« Le verbe s'accorde au contraire avec le subs-
« tantif qui suit le collectif, si celui-ci est partitif.
« *Une foule de nymphes couronnées de fleurs* ÉTAIENT
« *assises auprès d'elle.* (FÉNELON.) *Une troupe de*
« *barbares* DÉSOLÈRENT *le pays.* (ACAD.) »

Cependant il arrive souvent, quoique MM. Noël et Chapsal n'en disent mot, que le collectif partitif offre l'idée principale, l'idée la plus saillante ; et alors le verbe peut très bien se mettre au singulier, ainsi que cela a lieu dans les exemples suivants :

Une MULTITUDE de *pauvres barnabotes n'approcha* jamais d'aucune magistrature. (J.-J. ROUSSEAU.)

Ce PEUPLE de *vainqueurs,* armés de son tonnerre,
A-t-il le droit affreux de dépeupler la terre? (VOLTAIRE.)

Ciel! *quel pompeux* AMAS d'*esclaves* à genoux
Est aux pieds de ce roi qui les fait tomber tous.   (ID.)

Une FOULE d'*écrivains s'est égarée* dans un style recherché, violent, inintelligible, ou dans la négligence totale de la grammaire (ID.)

Un grand NOMBRE d'*hommes peut être* nuisible à l'état.   (MARMONTEL.)

Cette ESPÈCE de *paons paraît* avoir éprouvé les mêmes effets par la même cause.   (BUFFON.)

Une PARTIE de *ses amis* ne *peut* apprendre sa mort, que l'autre n'en soit déjà consolée.

(CHATEAUBRIAND.)

Un *grand* NOMBRE d'*hommes*, lorsque leur raison est libre, ne *donne* jamais son assentiment complet à toutes les opinions d'un seul.   (Mme DE STAEL.)

PAGE 132. N° 454.

« Les infinitifs, n'ayant pas par eux-mêmes la « propriété du nombre, ne sauraient, lorsqu'ils « sont employés comme sujets, communiquer au « verbe la forme plurielle : le verbe, dans ce cas, reste « au singulier, et s'accorde avec le **pronom** *ce*, dont « on le fait alors précéder : *manger, boire et dormir,* « C'EST *leur unique occupation.* »

Telle est la règle que donnent MM. Noël et Chapsal.

Nous avons deux observations à faire sur cette règle :

1° Le verbe, accompagné de plusieurs infinitifs, s'accorde, disent ces grammairiens, avec le pronom *ce*, dont on le fait précéder ; et quand on ne le fait pas précéder de **ce** pronom, avec quoi s'accorde le verbe ? car il arrive fort souvent qu'on n'exprime

pas ce pronom après plusieurs infinitifs, comme le
prouvent les exemples suivants :

> Le fuir et le bannir *est* tout ce que je puis.   (Campistron.)
>   Se taire et souffrir en silence,
> *Est* souvent le parti que diete la prudence.   (Haumont.)

Bien écouter et bien répondre est *une des plus grandes perfections que l'on puisse avoir dans la conversation.*   (La Rochefoucauld.)

2° Il n'est pas vrai que l'on mette toujours le singulier après plusieurs infinitifs. Nos meilleurs écrivains fourmillent d'exemples où ils ont fait usage du pluriel; nous n'en rapporterons que les suivants :
Vivre et jouir seront *pour lui la même chose.*

>   (J.-J. Rousseau.)

Bien dire et bien penser ne *sont* rien sans bien faire.   (La Chaussée.)

Voir les choses et les estimer ce qu'elles valent, donnent *sinon le bonheur, du moins le repos.*

>   (Mme Cécile Fée.)

Il en est de même quand les infinitifs sont liés par *ou.* M. de Jaucourt a dit avec le pluriel : *Être juste ou être vertueux ne* sont *qu'une même chose.* J.-J. Rousseau a dit avec le singulier : *Vivre ou mourir n'*eut *été rien pour elles, si elles avaient pu rester ou partir ensemble.*

Souvent aussi, dans ces sortes de phrases, c'est le substantif dont le verbe est immédiatement suivi qui commande l'accord. Exemples :

Jouer, boire, manger, dormir était *leur unique* occupation. *Attirer, changer, détruire, développer, renouveler, produire,* sont *les seuls* droits *que Dieu ait voulu céder.*

Cet accord a lieu en vertu d'une figure de grammaire qu'on nomme *attraction.*

PAGE 136, N° 463.

« Régime des verbes passifs. »

Il y a des participes dont le complément est précédé de la préposition *de* ou *par*. C'est la nature de l'action exprimée par le verbe qui détermine le choix de l'une ou de l'autre. A ce sujet voici la règle posée par MM. Noël et Chapsal.

« S'agit-il d'un sentiment, d'une passion, ou pour tout dire, d'une opération de l'âme, employez la préposition *de : Il est chéri* DE *ses parents ; les méchants sont détestés* DE *tout le monde*, etc. »

« Est-il question, au contraire, non d'une passion d'un sentiment, mais d'une action à laquelle l'esprit ou le corps a seul part, faites usage de la préposition *par : Le premier roman français en lettres a été composé* PAR *M*ᵐᵉ *de Grafigny ; Henri IV fut assassiné* PAR *un fanatique*, etc. »

Il s'en faut bien que cette règle soit toujours observée par les écrivains, tant poètes que prosateurs; car si l'on peut citer beaucoup d'exemples à l'appui, les exemples contraires ne manquent pas non plus; en sorte que ce n'est guère que l'usage qui puisse ici faire loi. On s'en convaincra par les citations suivantes :

On n'est *méprisé* PAR *les autres*, que lorsqu'on a commencé par se mépriser soi-même.

(Pensée de SÉNÈQUE.)

Dieu et les rois sont mal *loués* et mal *servis* PAR les ignorants. (VOLTAIRE.)

Si vous avez été *offensé* PAR *un lâche*, soyez sûr qu'il voudra éternellement votre perte.

(DE LÉVIS.)

I La flatterie grossière offense un homme délicat au lieu de lui plaire, et elle est ordinairement *punie* PAR *le mépris.* (FONTENELLE.)

Vaincu LU *pouvoir* de vos charmes. (RACINE.)

Et d'un *sceptre* de fer veut être *gouverné.* (ID.)

Je suis *vaincu* DU *temps*, je cède à ses outrages. (MALHERBE.)

Je sais qu'il m'appartient, ce trône où tu te sieds,
Que c'est à moi d'y voir tout le monde à mes pieds;
Mais comme il est encor teint du sang de mon père,
S'il n'est *lavé* LU *tien*, il ne saurait me plaire.
(CORNEILLE.)

2 Suivant la règle de MM. Noël et Chapsal, il aurait fallu *de* dans les exemples de la première série, et *par* dans ceux de la seconde.

7 Voltaire, qui a blâmé Corneille pour avoir dit *lavé du tien*, a commis la même faute dans ces vers de Mérope :

Quelle est donc cette tombe en ces lieux élevée,
Que j'ai vue DE *vos pleurs* en ce moment *lavée*?

4. Des auxiliaires *être* et *avoir.*

I Le verbe *avoir* marque l'action que le sujet fait, a faite ou fera. Le verbe *être* marque l'état, la situation du sujet; ainsi, toutes les fois que l'on veut exprimer une action faite par le sujet, on emploie un auxiliaire *avoir* ; toutes les fois qu'on veut exprimer l'état, la situation du sujet, on emploie l'auxiliaire *être.*

PAGE 156, N° 469.

« Plusieurs verbes neutres se conjuguent avec

« l'auxiliaire *être*, quoiqu'ils exprmnt une action
« l'usage le veut ainsi. Ces verbes sont : *aller, décé-*
« *der, arriver, entrer, mourir, venir, retourner,*
« *choir, tomber, naître, intervenir.* »

Voici quelques observations sur le verbe *tomber* ;
elles nous paraissent fort justes, et méritent de trouver place ici : elles sont de Laveaux.

« Je conviendrai, dit ce grammairien, qu'il faut
toujours dire : je suis *tombé*, si par cette locution on
peut exprimer toutes les vues de l'esprit que peuvent
présenter les temps composés du verbe *tomber ;* mais
s'il est des cas où cette locution confonde une vue de
l'esprit avec une autre, je serai fondé à croire qu'elle
ne suffit pas. Une mère voit son enfant près de tomber ; elle dit : *il va tomber.* Cet enfant tombe, elle
le voit à terre après sa chute, et elle dit : *il est tombé.*
Mais si elle le relève, et qu'elle veuille indiquer l'accident qui lui est arrivé, dira-t-elle encore : *mon enfant est tombé ?* Elle se servira donc de ces deux locutions pour exprimer deux vues de l'esprit ? *Mon
enfant est tombé.* On lui répondra : courez vite le relever. — Mais je ne veux pas dire qu'il est *actuellement* par terre par suite de sa chute ; on l'a relevé.
— Que voulez-vous donc dire ? Il n'y a point de
femme qui, pressée par cette question, ne réponde
alors : *je veux dire qu'il* A TOMBÉ. »

Vouloir que l'on n'emploie que l'auxiliaire *être*
pour exprimer et l'action et l'état qui résulte de l'action, c'est vouloir que l'on confonde dans une seule
expression deux choses bien distinctes ; c'est bannir
une locution nécessaire pour exprimer une vue particulière de l'esprit ; c'est appauvrir la langue.

Il y a des choses dont on peut dire qu'elles on

tombé, et dont on ne peut jamais dire, exactement parlant, qu'elles *sont tombées*; telles sont les choses qui, ayant un nom avant leur chute, le perdent quand la chute est consommée.

On appelle *pluie* l'eau qui tombe du ciel : *la pluie tombe*, la pluie *a tombé*; mais, strictement parlant, on ne devrait pas dire que *la pluie est tombée*. Car, quand l'eau du ciel est sur la terre, ce n'est plus de *la pluie*, c'est de *l'eau de pluie*. Ainsi, la pluie peut être ou avoir été dans un état de chose tombée. On peut donc dire : la pluie *tombe*, la pluie a *tombé*; mais on ne devrait pas dire : la pluie *est tombée*; cependant on le dit d'une période qui n'est pas encore écoulée : *la pluie est tombée ce matin à verse*; mais il serait ridicule de dire : *la pluie est tombée à verse il y a plusieurs jours*; il faut dire : *a tombé*.

On peut appliquer les mêmes observations aux mots *foudre, tonnerre* : l'année dernière, le tonnerre A TOMBÉ sur plusieurs édifices. Le tonnerre EST TOMBÉ ce matin, ou A TOMBÉ ce matin dans la Seine.

Où serais-je, grand Dieu, si ma crédulité
Eût TOMBÉ dans le piége à mes pas présenté ! (VOLTAIRE.)

Si la belle avec lui n'eut TOMBÉ dans cette eau.
(LA FONTAINE.)

Le coup que je lui porte AURAIT TOMBÉ sur moi.
(VOLTAIRE.)

Jamais Voltaire n'avait été plus brillant que dans Alzire; et l'on a peine à concevoir qu'il *ait tombé* de si haut jusqu'à Zulime, ouvrage médiocre.
(LA HARPE.)

L'Académie elle-même a sanctionné cet emploi de l'auxiliaire *avoir* avec le verbe *tomber*; elle donne cette phrase pour exemple : « *Les poètes disent que Vulcain* A TOMBÉ *du ciel pendant un jour entier.* »

« *Expirer,* appliqué aux personnes, exige que son « auxiliaire ne soit jamais sous-entendu. En consé- « quence, il ne faut pas imiter Racine lorsqu'il dit :

> « A ces mots ce héros *expiré*
> « N'a laissé dans mes bras qu'un corps défiguré. »

Voltaire a fait lui-même justice de cette critique. « On reproche à Racine, dit-il, le *héros expire.* « Quelle misérable vétille de grammaire ! Pourquoi « ne pas dire *ce héros expiré*, comme on dit : *il est* « *expiré, il a expiré ?* Il faut remercier Racine d'a- « voir enrichi la langue, à laquelle il a donné tant de « charmes en ne disant jamais que ce qu'il doit, lors- « que les autres disent tout ce qu'ils peuvent. » Aussi Voltaire, Parny, Delille, et une foule de bons au- teurs, n'ont-ils pas craint d'imiter Racine :

> Et d'un père *expiré* j'apportais en ces lieux,
> La volonté dernière et les derniers adieux. (VOLTAIRE.)

> Faibles, muets, de remords déchirés,
> Ils contemplaient leurs amis *expirés.* (PARNY.)

La Société grammaticale a tout récemment en- core sanctionné l'avis de Voltaire, en approuvant l'ellipse de l'auxiliaire devant *expiré.*

« *L'imparfait* ne doit pas s'employer pour une ac- « tion qui a lieu à l'instant de la parole. On ne dira

« donc pas : *j'ai appris que vous* ÉTIEZ *à Paris* , si la
« personne y est encore ; ni : *je vous ai dit que la sa-*
« *gesse* VALAIT *mieux que l'éloquence* ; car la chose
« étant vraie dans tous les temps, l'est à l'instant où
« l'on parle. Il faut dire : *que vous* ÊTES *à Paris* ,
« etc. »

Doit-on employer le présent ou l'imparfait dans
cette phrase : *On m'a dit que Dieu* EST *juste* , *on m'a*
dit que Dieu ÉTAIT *juste* ?

Les grammairiens sont divisés en deux partis,
qu'on peut appeler les *absolus* et les *relatifs*.

Les premiers, à la tête desquels nous placerons
MM. Noël et Chapsal, prétendent que lorsqu'on
veut exprimer une chose vraie dans tous les temps,
on doit se servir du présent.

Les derniers disent : « C'est une règle générale que,
lorsque dans une phrase il y a deux verbes correspondants, dont le premier est au passé, le second
doit être à l'imparfait. »

Eh bien ! tous ont également tort ; tant il est vrai
que la vérité ne se trouve jamais dans l'absolu !

La raison veut sans doute que lorsqu'on a l'intention d'exprimer une vérité habituelle ou essentielle,
une maxime invariable, on emploie le présent ; mais
elle n'exige point que nous la considérions toujours
comme maxime ; elle n'empêche pas que nous ne la
fassions correspondre à une époque passée, et que,
pour peindre cette idée, nous ne nous servions de
l'imparfait. Par exemple, de ce que Dieu est toujours essentiellement bon, s'ensuit-il que je ne puisse
dire qu'il était bon hier d'une manière particulière,
à telle ou telle occasion ?

7.

Quant à la règle des *relatifs*, elle doit être classée parmi les recettes dont leurs livres sont pleins, et dont le principal effet est de déformer l'intelligence et de convertir les hommes en automates.

On peut donc faire usage de l'imparfait aussi bien que du présent, selon qu'on veut exprimer un sentiment plutôt qu'une maxime. Exemples :

Avec le présent :

J'ai toujours remarqué que les gens faux, *sont* sobres. (J.-J. ROUSSEAU.)

Il reconnaissait que la véritable grandeur *n'est* que la modération, la justice, la modestie, l'humanité. (FÉNELON.)

Il tenait pour maxime qu'un habile capitaine *peut* bien être vaincu, mais qu'il ne lui *est* pas permis d'être surpris. (BOSSUET.)

Avec l'imparfait :

J'ai trouvé que la liberté *valait* encore mieux que la santé. (VOLTAIRE.)

L'homme seul a connu qu'il y *avait* un Dieu. (BERNARDIN DE ST-PIERRE.)

Jean-Jacques disait que rien ne *rendait* les mœurs plus aimables que l'étude de la botanique. (*Id.*)

PAGE 139, N° 482.

« Le PLUS-QUE-PARFAIT s'emploie pour une chose « non seulement passée en soi, mais encore passée à « l'égard d'une autre chose qui est aussi passée. Lorsque « je dis : *j'avais dîné quand vous* VINTES *me voir,* « je veux dire que l'action de mon dîner était passée « à l'égard de votre arrivée, ou du temps où vous « vîntes, qui est aussi un temps passé relativement à « celui où je parle. »

On doit donc bien se garder, disent MM. Noël et Chapsal, d'employer le plus-que-parfait pour le passé défini, lorsqu'il s'agit d'un passé positif. Ainsi, d'après cette règle, il ne faut pas dire : Nous avons appris que vous AVIEZ FAIT un naufrage au Pérou ; il faut *que vous avez fait*. (*Voir* ce que nous avons dit de l'imparfait).

PAGE 139, N° 483.

« Le *conditionnel* ne doit pas s'employer pour le « futur ; ne dites donc pas : *on m'a assuré que vous* « *voyageriez*, dites : *que vous voyagerez*. »

Cette règle est contraire aux faits ; car nos écrivains ont employé tantôt le futur, tantôt le conditionnel ; et même l'usage préfère ce dernier mode, parce que l'exécution de ce qu'on doit faire dépend toujours de quelques conditions exprimées ou supposées. Exemples :

Avec le futur :	*Avec le conditionnel :*
Il leur promet qu'ils *trouveront* Jésus-Christ dans le désert. (MASSILLON.)	Vous m'avez dit que vous *reviendriez* le lendemain. (J.-J. ROUSSEAU.)
Je n'oserais me promettre que vous me *ferez* cet honneur. (*Académie*.)	J'ai toujours différé à vous faire réponse, jusqu'à présent que j'ai appris que vous ne *viendriez* point. (Mme DE SÉVIGNÉ.)

PAGE 145, N° 505.

« Employé comme régime, l'infinitif doit toujours « se rapporter à un mot exprimé dans la phrase. »

Telle est la règle que posent MM. Noël et Chapsal ; mais cette règle est trop rigoureuse, et les grands écrivains n'ont pas craint de la violer. Sans doute l'emploi de l'infinitif ne doit pas se faire aux dépens de la clarté ; ainsi l'on ne dira pas : *Qu'ai-je fait pour* VENIR *troubler mon repos ?* ni *c'est pour* ÊTRE *utile à tes parents que je t'ai instruit*. La première phrase est louche, et la seconde équivoque. Il faut dire : *Qu'ai-je fait pour* QUE VOUS VENIEZ *troubler mon repos ? C'est pour* QUE TU SOIS UTILE *à tes parents que je t'ai instruit.*

Néanmoins, s'il n'y a dans la phrase aucune ambiguité, si la pensée est claire, et que l'on ne puisse se méprendre sur le véritable rapport de l'infinitif, ce mode peut être employé, quoiqu'il ne se rapporte point au sujet de la proposition principale. Les passages suivants, quoique contraires à la règle de MM. Noël et Chapsal, sont donc très bons :

Les moments sont trop chers pour les *perdre* en paroles.
(RACINE.)

Tout, sans *faire* d'apprêt, s'y prépare aisément.
(BOILEAU.)

Pour ÉVITER *les surprises, les affaires étaient traitées par écrit.*
(BOSSUET.)

Toutes les conventions se passaient avec solennité, pour les RENDRE *plus inviolables.*
(J.-J. ROUSSEAU.)

PAGE 140, N° 489.

« Il faut toujours le subjonctif après *il semble.* »
Cette règle, comme tant d'autres, n'a pas pour elle le mérite de l'exactitude, et l'usage de nos bons écrivains la contredit entièrement. L'exemple que nous avons cité en est une preuve convaincante. A cet exemple, nous ajouterons les suivants :

IL SEMBLE que la rusticité n'est autre chose qu'une ignorance grossière des bienséances.
(LA BRUYÈRE.)

IL SEMBLE que l'abondance *a* épuisé une de ses cornes dans nos jardins et dans nos campagnes.

BERNARDIN DE ST-PIERRE.)

IL SEMBLE que nous *augmentons* notre être, lorsque nous pouvons le porter dans la mémoire des autres. (MONTESQUIEU.)

IL SEMBLE qu'une passion vive et tendre *est morne* et silencieuse. (LA BRUYÈRE.)

IL SEMBLE que le meilleur moyen *était* d'équiper des vaisseaux. (RAYNAL.)

MM. Noël et Chapsal se sont donc grossièrement trompés en avançant que *il semble*, accompagné d'un régime indirect de personne, demande l'indicatif Qu'ils lisent nos écrivains ; et ils y verront *il me semble, il te semble,* etc., très souvent suivis du subjonctif. En voici quelques exemples pris au hasard :

VOUS SEMBLE-T-IL que le mohatra *soit* une chose si vénérable ? (MONTESQUIEU.)

Hé quoi! *te semble-t-il* que la triste Ériphile
Doive être de leur joie un témoin si tranquille?
(RACINE.)

O toi qui me connais, TE SEMBLAIT-IL croyable
Qu'un cœur, toujours nourri d'amertume et de pleurs
Dût connaître l'amour ? (ID.)

PAGE 140 , N° 490.

« Après *le seul*, on met toujours le subjonctif. »

Après *le premier, le seul, le dernier*, on met le subjonctif ou l'indicatif: le subjonctif, lorsqu'il s'agit d'un fait qui peut être contesté ; l'indicatif, quand on veut affirmer fortement ce qu'on dit, ou quand l'idée de temps a besoin d'être rendue. C'est donc à tort que MM. Noël et Chapsal font une loi d'employer constamment le subjonctif. Notre littérature fourmille d'exemples où les auteurs se sont servis de l'indicatif. A l'exemple déjà cité nous ajouterons les suivants :

Souviens-toi que je suis LE SEUL qui t'a déplu.

(FÉNELON.)

L'amour-propre est LA SEULE chose dont on ne vient jamais à bout. (NIVERNAIS.)

C'était LE SEUL bien qui lui restait.

(VOLTAIRE.)

Le génie poétique était LA SEULE richesse que le Tasse avait reçue de son père. (ID.)

LA SEULE chose que nous ne savons point, c'est d'ignorer ce que nous ne pouvons savoir.

(J.-J. ROUSSEAU.)

Malpighi est LE PREMIER qui a fait cette découverte. (BERN. DE ST.-PIERRE.)

Les Céciniens furent LES PREMIERS qui firent éclater leur ressentiment. (VERTOT.)

Les Cyriens furent LES PREMIERS qui domptèrent les flots. (FÉNELON.)

PAGE 140, N° 656.

Encore une nouvelle erreur de MM. Noël et Chapsal.

Après le superlatif relatif, disent-ils, on met toujours le subjonctif. Mais, pour Dieu ! lisez donc nos écrivains, et vous verrez s'il en est ainsi ; leurs pages sont remplies d'exemples où l'indicatif est aussi employé, témoin les suivants :

J'ai fait de mon héros le portrait LE PLUS brillant que j'ai pu. (VOLTAIRE.)

LE MOINS de servitude qu'on *peut* est le meilleur.
(PASCAL.)

Je fais LA MEILLEURE contenance que je *puis.*
(Mme DE SÉVIGNÉ.)

LA MOINDRE louange qu'on *peut* lui donner.
(FLÉCHIER.)

C'est LE MOINDRE secret qu'il *pouvait* nous apprendre.
(RACINE.)

Nous vivons dans LA PLUS grande amitié qu'il *est* possible.
(VOLTAIRE.)

C'était la femme LA PLUS grognon que je *connus* de ma vie.
(J.-J. ROUSSEAU.)

PAGE 184, N° 656.

« TOUT QUE *veut l'indicatif.* »

M. Boniface va même plus loin : il dit que c'est une *faute* d'employer le subjonctif avec *tout.* Il est possible que ce soit une *faute* suivant les idées de M. Boniface et de MM. Noël et Chapsal; mais comme ces messieurs sont loin d'être d'habiles écrivains, et qu'ils n'ont pas le droitde nous imposer leur langage, ils voudront bien nous permettre de ne pas nous en rapporter à eux sur ce point comme sur mille autres, et de préférer à leurs préceptes erronés les imposantes leçons de nos grands écrivains, qui ne trompent jamais. Or, nos meilleurs écrivains se sont très souvent servis du subjonctif après *tout*; et même cet usage est assez fréquent aujourd'hui. Nous pourrions en citer des milliers d'exemples; nous nous bornerons aux suivants :

Les évêques, TOUT successeurs des apôtres qu'ils

soient, semblent moins l'être que les missionnaires.

(ARNAULD.)

TOUT auteur que je *sois*, je ne suis pas jaloux que mon travail lui soit utile.

(REGNARD.)

TOUTE dégradée que nous *paraisse* sa nature (de l'Esquimau), on reconnaît en lui quelque chose qui décèle encore la dignité de l'homme.

(CHATEAUBRIAND.)

TOUT méfiants que *soient* les Arabes dans les relations domestiques, ils ont entre eux, pour le commerce, une confiance absolue.

(ALBERT MONTÉMONT.)

Nous ajouterons que la Société grammaticale a sanctionné, par son approbation, cet emploi du subjonctif après *tout*.

CHAPITRE IX.

DU PARTICIPE PASSÉ.

PAGE 157, N° 346.

« Le pronom *en*, mot vague qui signifie *de cela*,
« et est toujours employé comme régime indirect,
« ne peut exercer aucune influence sur le participe.
« Ainsi on écrira, en parlant de fruits, J'EN AI
« MANGÉ; et, en parlant de lettres, J'EN AI REÇU.
« Ces phrases sont elliptiques; c'est comme s'il y
« avait : *j'ai mangé une certaine quantité de cela* (de
« fruits), *j'ai reçu un certain nombre de cela* (de let-
« tres); et les participes *mangé, reçu,* sont invaria-
« bles, parce que leurs régimes directs *une certaine
« quantité, un certain nombre,* ne sont pas expri-
« més.

« Il a des troupes, et il *en* a *demandé* aux autres
« peuples de la Grèce.   (BARTHÉLEMY.)

Hélas! j'étais aveugle en mes vœux aujourd'hui :
J'*en* ai *fait* contre toi, quand j'*en* ai *fait* pour lui.
                                    (CORNEILLE.)

« Mais on dira avec accord : *nous* LES *en* AVONS IN-
« FORMÉS; *il* NOUS *en* A BLAMÉS; *l'opinion* QUE *j'en*
« *avais* CONÇUE.

7

« Elle s'en est *vantée* assez publiquement.   (RACINE.)

« Rendez grâces au ciel qui *nous en a vengés*. (CORNEILLE.)

« attendu que les participes *informés*, *blâmés*, con-
« *çue*, *vantée*, *vengés*, sont précédés de leurs régi-
« mes directs *les, nous, que, se, nous*. De même on
« écrira avec le participe variable : *combien de per-
« sonnes il a trompées par de belles promesses!* et, sans
« faire varier le participe : *combien il en a trompé!*
« Dans ces deux exemples, le régime direct précède
« le participe ; mais, dans le premier, le régime di-
« rect *combien de personnes*, étant du féminin et du
« pluriel, communique le genre féminin et le nom-
« bre pluriel au participe. Dans le second exemple,
« au contraire, le régime direct *combien en*, pour
« *combien de cela*, étant invariable de sa nature, ne
« saurait faire varier le participe. C'est donc à tort
« que Racine a dit :

« Ah! malheureux, combien j'en ai déjà *perdus*.

Cette dernière critique est tout-à-fait injuste. Citons d'abord quelques exemples :

Adverbe de quantité placé après le participe.	*Adverbe de quantité placé avant le participe.*
Le glaive a tué bien des hommes. La langue en a *tué*, BIEN PLUS. (FRANÇOIS DE NEUFCHATEAU). J'en ai *connu* BEAUCOUP qui, polissant leurs mœurs Des beaux arts avec fruit ont fait un noble usage (VOLTAIRE Il sait beaucoup de choses, il en a *inventé* QUELQUES-UNES. (ID.) Le *Télémaque* a fait quel-ques imitateurs, les *Caractères de la Bruyère* en ont *produit* DAVANTAGE (ID.)	Quant aux sottes gens, PLUS j'en ai *connus*, MOINS j'en ai es-*timés*. (Cité par DESSIAUX.) Il y en a BEAUCOUP d'appe-*lés* et PEU d'*élus*. (Cité par BESCHER.) Des fleurs, ma faiblesse en a TANT ré-[rendus! (VOLTAIRE.) Ces terribles agonies effraient plus les spectateurs qu'elles ne tourmentent le malade; car COMBIEN n'en a-t-on pas *vus* qui, après avoir été à la der-

Tous jurèrent alors d'obéir aux ordres du bacha sans délai, et eurent autant d'impatience d'aller à l'assaut qu'ils *en* avaient *eu* PEU le jour précédent.   (ID.)

Le roi avait quatre cent cinquante mille hommes en armes ; l'empereur turc, si puissant en Europe, en Asie et en Afrique, n'*en* a jamais *eu* AUTANT.   (BUFFON.)

Les animaux que l'homme a le plus admirés, sont ceux qui ont paru participer à sa nature. Il s'est émerveillé toutes les fois qu'il *en* a *vu* QUELQUES-UNS faire ou contrefaire des actions humaines.   (ID.)

Un seul physicien m'a écrit qu'il a trouvé une écaille d'huître pétrifiée sur le Mont-Cenis. Je dois le croire, et je suis très étonné qu'il n'y *en* ait pas *vu* DES CENTAINES. (VOLTAIRE.)

nière extrémité, n'avaient aucun souvenir de tout ce qui s'était passé, non plus que de ce qu'ils avaient senti.
      (BUFFON.)

COMBIEN Dieu *en* a-t-il *exaucés*.   (MASSILLON.)

COMBIEN *en* a-t-on *vus*, je dis de,
  [plus huppés
A souffler dans leurs doigts dans ma
  [cour occupés !
      (RACINE.)

COMBIEN *en* a-t-on *vus*, jusqu'aux
  [pieds des autels
Porter un cœur pétri de penchants
  [criminels.
      (VOLTAIRE.)

Pendant ces derniers temps, COMBIEN
  [*en* a-t-on *vus*
Qui, du soir au matin, sont pauvres
  [devenus
Pour vouloir trop tôt être riches !
      (LA FONTAINE.)

Autant d'ennemis il a attaqués, AUTANT il *en* a *vaincus*.
      (Cité par DESSIAUX.)

Toutes les fois qu'un participe passé, accompagné du pronom *en*, est suivi d'un adverbe de quantité, il est invariable ; il varie, au contraire, si cet adverbe le précède, comme dans les exemples de la deuxième colonne : *Autant d'ennemis il a attaqués*, AUTANT *il* EN *a* VAINCUS. Cet exemple, dit M. Dessiaux, prouve manifestement qu'il y aurait contradiction, inconséquence absurde à laisser invariable le participe dans le second membre de la phrase ; car *en* se traduit nécessairement par *d'ennemis*, d'où cette équation : AUTANT D'ENNEMIS *il a attaqués*, AUTANT D'ENNEMIS, *il a vaincus*. Le principe contraire à celui que nous établissons ne peut donc être admis que par des gens irréfléchis ou prévenus.

CHAPITRE X.

[DE L'ADVERBE.

PAGE 159, N° 550.

« *Davantage* ne doit pas s'employer dans le sens
« de *le plus;* au lieu de dire : *de toutes les fleurs, la*
« *rose est celle qui me plaît davantage,* dites : *qui*
« *me plaît le plus.* »

Cependant nos meilleurs écrivains ont fréquemment employé indistinctement *le plus* et *davantage :*
*je ne sais lequel de ces deux exemples nous devons
admirer davantage.* (MONTESQUIEU.) *On demanda
un jour quelle était la chose qui flattait davantage les
hommes? — L'espérance,* répondit-il. (FÉNELON.)
Voir *Grammaire nationale,* t. 1, p. 258.

PAGE 198, N° 702.

Très, selon MM. Noël et Chapsal, ne peut modifier
que des adjectifs ou des adverbes. On ne devrait
donc pas dire : j'ai TRÈS *faim,* TRÈS *soif,* TRÈS *peur,
vous avez* TRÈS *raison;* il vaut mieux employer *bien*
ou *extrêmement;* mais comme *froid* et *chaud* sont
adjectifs et substantifs, on peut dire: *il fait très
froid, très chaud,* et par extension, *j'ai très froid,
très chaud;* cependant *bien* serait préférable. Marivaux n'a pas craint de dire: *nous étions partis très
matin de cette ville.*

PAGE 169, N° 593.

MM. Noël et Chapsal blâment l'emploi de l'adverbe *peut-être* dans une phrase où figure le verbe *pouvoir* : c'est à tort ; il y a une grande différence entre ces deux propositions : *je ne pourrait* PEUT-ÊTRE *pas sortir* , et *je ne pourrai pas sortir.* (Voir *Grammaire nationale*, t. 1, p. 539.)

———————

CHAPITRE XI.

DE LA PRÉPOSITION.

PAGE 162, N° 570.

« ENTRE se dit de deux objets : *entre Rome et Car-*
« *thage. Parmi* se dit d'un plus grand nombre d'ob-
« jets, et veut après lui ou un pluriel : *parmi les*
« *hommes,* ou un collectif : *parmi la foule.*

« Racine n'est donc pas à imiter quand il dit :

... *Parmi ce plaisir* quel chagrin me dévore ;

« l'exactitude grammaticale exige : *au milieu de ce*
« *plaisir,* etc. »

Entre s'emploie quand il n'est question que de
deux objets : *entre ses mains, entre ses bras, entre lui
et moi. — Parmi* se dit d'une collection d'objets et
demande toujours après lui, soit un substantif pluriel, soit un nom collectif : *parmi les hommes, parmi
la foule.* C'est donc avec raison que Voltaire a blâmé
ce passage de Corneille :

Parmi ce grand amour que j'avais pour Sévère,
J'attendais un époux de la main de mon père.

Parmi ce grand amour, est un solécisme, dit Voltaire ; *parmi* demande toujours un pluriel ou un nom
collectif. Racine a commis la même faute dans ce
vers :

Parmi ce plaisir quel chagrin me dévore ?

Mais nous nous garderons bien de dire, comme Noël et Chapsal, que l'exactitude grammaticale exigerait: *au milieu de ce plaisir;* car se serait remplacer une faute par une autre faute de la même nature. *Au milieu* demande après lui un nom pluriel ou un nom collectif: *au milieu des hasards, au milieu de la foule.*

PAGE 185, N°, 650.

MM. Noël et Chapsal et la plupart des grammairiens répètent que *servir à rien* marque une nullité momentanée de service : *ses talents ne lui* SERVENT A RIEN; et que *servir de rien* marque une nullité absolue: *les pleurs que la douleur arrache* NE SERVENT DE RIEN (DESSIAUX.) Cela est peut-être fondé; mais les écrivains n'ont pas toujours tenu compte de cette distinction.

CHAPITRE XII.

DE LA CONJONCTION.

Les grammairiens ont fait une règle par laquelle ils excluent *et* des phrases négatives, et veulent le faire remplacer par *ni*. Les exemples suivants et un millier d'autres que nous pourrions citer donnent un démenti à cette règle. Il n'entendait pas le bruit des tambours *et* des armes. (FÉNELON.) Car vous ne m'épargnez guère, vous, vos bergers *et* vos chiens. (LA FONTAINE.) Les animaux n'inventent *et* ne perfectionnent rien. (BUFFON.) Fénelon a dû employer *et* parce qu'il n'y a qu'un bruit confus formé par le tambour et les armes.

On peut dire : sans Bacchus *et sans* Cérès ; sans lois *et sans* gouvernement ; sans retard *et sans* bruit ; ou, pour éviter la répétition de *sans :* sans gage *ni* salaire ; sans crainte *ni* pudeur ; sans force *ni* vertu. C'est à tort que quelques grammairiens prétendent que cette dernière tournure n'est permise qu'en vers. Buffon a dit : dans les rêves, les sensations se succèdent sans que l'âme les compare *ni* les réunisse. Il la trouve sans peine *ni* travail.

Il y a quelque différence entre : je vous défends d'ouvrir la porte *ni* la fenêtre, et je vous défends d'ouvrir la porte *et* la fenêtre. Les grammairiens ont donc tort de proscrire l'emploi de *ni* après les verbes *empêcher*, *défendre*, etc. Vertot a dit : j'empêche que, pendant le reste de l'année, on appelle quelqu'un en jugement pour cette affaire, *ni* qu'on le mette en prison. Boileau lui-même défendit :

> Qu'un vers faible y pût jamais entrer,
> *Ni* qu'un mot déjà mis osât s'y rencontrer.

Lorsque plusieurs verbes se succèdent, l'adverbe négatif *ne* tient lieu ordinairement de *ni* avant le premier verbe : Il *ne* boit *ni* ne mange ; je *ne* veux, *ni ne* dois, *ni ne* puis vous obéir. Quoique Bossuet ait dit : Son grand cœur *ni ne* s'aigrit, *ni ne* s'emporte contre elle, nous aimons cependant mieux dire avec tous les autres écrivains : Son grand cœur *ne* s'aigrit *ni* ne s'emporte contre elle.

En cas que, *au cas que* marquent également une supposition ; mais la première est moins probable que la seconde ; ainsi on doit dire : *en cas que* cela s'éclaircisse un jour, et *au cas que* cela soit comme vous le dites. C'est à tort que les grammairiens disent que l'expression *en cas que* est peu en usage, et qu'il faut lui préférer *au cas que*. L'Académie dit qu'on peut très bien employer *en cas que* et *au cas que*.

Lorsqu'il y a dans une phrase deux verbes régis par les conjonctions *quand*, *comme*, *si*, *puisque*, *quoique*, *lorsque*, etc., on met *que* devant le second, ou bien l'on répète ces conjonctions. Exemples : *si* les hommes étaient sages, et *s'ils* suivaient les conseils de la raison, ils s'épargneraient bien des chagrins. *Si* Voltaire eût également soigné toutes les parties de son style, et *qu'il* eût plus tendu à la perfection qu'à la fécondité, il serait incontestablement le premier de nos poètes. (PALISSOT), etc. *Si* vous partez, et *que* vous vouliez me prendre avec vous. Ce tour, disent les grammairiens, vaut mieux que: *si* vous partiez, et *si* vous vouliez me prendre avec vous. Cette règle n'est pas tout-à-fait exacte : on répète le *si*, ou on met le *que*, suivant le cas. Lorsqu'il n'y a pas de liaison entre les deux propositions, il faut répéter *si*; lorsqu'il y en a, il faut mettre la conjonction *que*, qui est destinée à marquer cette liaison. On dira donc fort bien : *si* vous gagnez votre procès, et *si* vous allez dans votre pays; quand on ne veut pas marquer une liaison de conséquence entre ces deux propositions. Mais on dira : *si* vous gagnez votre procès, et *que* vous vous trouviez dans une situation avantageuse; parce qu'il y a liaison entre les deux propositions, et que l'on fait considérer l'une comme une conséquence de l'autre.

CHAPTRE XIII.

OBSERVATIONS PARTICULIÈRES.

AIDER.

Aider quelqu'un, c'est simplement l'assister : AIDER QUELQU'UN *de sa bourse*, L'*aider* de ses conseils, de son crédit. (ACAD.)

Aider à quelqu'un, c'est l'assister en partageant ses efforts, sa fatigue, son embarras: *aidez* A *cet homme à porter ce fardeau ; aidez-*LUI *à se relever ; aidez* A *cet enfant à faire son thème.* (ACAD.)

Cette distinction, qu'établissent MM. Noël et Chapsal, n'est cependant pas rigoureusement observée par les écrivains, qui disent indifféremment *aider quelqu'un* et *aider à quelqu'un*, dans le sens de partager ses efforts. Exemples:

Turenne eut l'honneur d'aider puissamment LE PRINCE *à remporter cette victoire.* (VOLTAIRE.)	*Télémaque, voyant Mentor qui lui tendait la main pour* LUI *aider à nager, ne songea plus qu'à sortir de l'île.* (FÉNELON.)
Nos précautions elles-mêmes aident à nous conduire au piége. (MASSILLON.)	*C'est une lueur trompeuse qui* LEUR *aide à se méconnaître.* (MASSILLON.)
*Aidez-*LE *à chercher la vérité.* (Id.)	*Aidez-*LEUR *à trouver la lumière qu'ils n'ont pas.* (PASCAL.)

Nous ajouterons même que Voltaire regardait *aider à quelqu'un* comme une expression populaire.

ANOBLIR, ENNOBLIR.

Anoblir, donner des lettres de noblesse : *il n'y a que le roi qui puisse* ANOBLIR. (ACAD.)

Ennoblir, rendre plus éclatant, plus illustre : *les beaux-arts ennoblissent une langue.* (ACAD.)

MM. Noël et Chapsal omettent de dire que *anoblir* s'emploie aussi au figuré : ANOBLIR *son nom par ses ouvrages.* (ACAD.) *Il faut* ANOBLIR *cette expression trop familière.* (ACAD.) *La sagesse* ANOBLIT *l'esprit.* (LA BRUYÈRE.) *Tous ces traits par les fictions* ANOBLIS. (J.-B. ROUSSEAU.) *Ces terres, ces palais de nos noms* ANOBLIS. (ID.)

ASSURER.

Assurer quelqu'un, c'est témoigner à quelqu'un : *assurez* VOS PARENTS *de mon estime.*

Assurer à quelqu'un, c'est affirmer, c'est donner pour sûr à quelqu'un : *Mentor assura* A TÉLÉMAQUE *qu'il reverrait Ulysse.* (FÉNELON.)

Cette distinction, admise par MM. Noël et Chapsal, n'a pas pour elle l'appui des faits, car les écrivains ont employé *assurer* avec un complément direct dans le sens d'affirmer, de donner pour sûr. Exemples :

Valens assura CONSTANCE *que l'armée du tyran était en fuite.* (BOSSUET.)

Ceux qui se portent bien deviennent malades ; il leur faut des gens dont le métier soit de LES *assurer qu'ils ne mourront point.* (LA BRUYÈRE.)

Assurant TOUTES LES NATIONS *que le Messie devait venir.* (BOSSUET.)

ATTEINDRE.

Atteindre à quelque chose, suppose des obstacles à vaincre : *atteindre quelque chose, atteindre au but, atteindre au faîte de la gloire.* (ACAD.)

Atteindre quelque chose, ne suppose pas de difficulté, et se dit des choses qu'on fait pour ainsi dire malgré soi : *atteindre le terme de l'armistice; atteindre un certain âge.* (ACAD.)

Quoi qu'en disent MM. Noël et Chapsal, on dit également bien *atteindre un but* et *atteindre à un but.* Exemples : *Je n'ai pas atteint* MON BUT. (LA BRUYÈRE.) On dit aussi : *Atteindre à la perfection* et *atteindre la perfection.* Exemples : *On croyait avoir atteint* LA PERFECTION, *quand on avait su plaire à Madame.* (BOSSUET.) *Il arriva à la médecine, comme à la philosophie, d'atteindre* A LA PERFECTION *dont elle est capable, en profitant des lumières de nos voisins.* (VOLTAIRE.)

Atteindre se disant des personnes, signifie *égaler,* et veut toujours un régime direct : *il est difficile d'atteindre* LAFONTAINE *dans l'apologue.*

BÉNIR.

Ce verbe a deux participes : *béni, bénie,* et *bénit, bénite.*

La chose *bénite* a, pour ainsi dire, changé de nature, par la consécration du prêtre : du pain *bénit,* de l'eau *bénite,* ce n'est plus ni du pain, ni de l'eau ordinaire ; alors *bénit* est un véritable adjectif.

Mais toutes les fois que l'action de bénir est caractérisée, ou quand l'objet béni ne sert point à un usage religieux, on écrit *béni, bénie.* Exemples: *on distribue aux assistants un pain ordinairement* BÉNI *par* un prêtre. (BERGIER) ; *vos drapeaux* BÉNIS *dans ce temps fixeront la victoire.* (MASSILLON) ; *l'eau que le prêtre a* BÉNIE *est* BÉNITE, etc. (*Omission de Noël et Chapsal.*)

ÉCLAIRER.

Eclairer quelqu'un, disent MM. Noël et Chapsal, c'est l'instruire : *les hommes qui ont de l'expérience éclairent les autres.*

Eclairer à quelqu'un, c'est lui faire voir clair sur son passage à l'aide d'une lumière : *éclairez à monsieur.*(ACADÉMIE.)

Si *éclairer à* n'est pas une faute, c'est du moins une expression surannée, et MM. Noël et Chapsal seraient fort embarrassés de produire des exemples classiques à l'appui de la distinction qu'ils établissent. Cette distinction a d'ailleurs été attaquée, dans le Journal grammatical, par MM. Ballin, Marle, etc. Ils ont forcé leurs adversaires dans leurs derniers retranchements en citant les passage suivants :

Dans le temps que je lui donnais cet ordre, un homme entre dans ma chambre, un flambeau à la main ; il ÉCLAIRAIT UNE DAME *qui me parut belle.* (LE SAGE.)

ÉCLAIREZ CES DAMES *dans l'escalier.* (LE BRUN.)

Cette chandelle ÉCLAIRE MONSIEUR, *il n'est pas nécessaire d'en allumer une autre.* (LAVEAUX.)

Un fallot ÉCLAIRAIT MES COMPAGNONS *dans leur marche nocturne.* (VOLTAIRE.)

Nous ne craindrons donc plus de dire : *Eclairez monsieur,* dans le sens propre, comme dans le sens figuré, et nous ferons remarquer que la phrase citée par MM. Noel et Chapsal : *Eclairez à monsieur,* à été supprimée dans la dernière édition du Dictionnaire de l'Académie.

EMPRUNTE.

Avec un régime indirect de personne, on dit, suivant MM. Noël et Chapsal : *empruter à* et *emprunter* *de* : EMPRUNTER *une somme* DE *quelqu'un* ou A *quelqu'un.* (ACADÉMIE.)

MM. Noël et Chapsal se trompent , et l'emploi de l'une ou de l'autre préposition est si peu facultatif, dans certains cas, qu'il n'est pas permis de dire autrement qu'*emprunt.r.* On ne peut *emprunter* A *Homère* qui n'existe plus : *C'est d'Homère qu'il* *a* EMPRUNTÉ *cette pensée.* (ACAD.) *Je n'ai rien* EMPRUNTÉ *ni* DE *Perse* ni D'*Horace.* (BOILEAU.)

Avec un régime indirect de chose, on ne dit qu'*emprunter de* : *les magistrats* EMPRUNTENT *toute leur autorité* DE *la justice.* (ACADÉMIE.)

ENVIER.

On *envie* les choses, et l'on *porte envie* aux personnes : *il* ENVIE *le bonheur d'autrui.* (ACADÉMIE.) *Le sage ne* PORTE ENVIE *à personne.*

Cependant, l'Académie elle-même, sur laquelle s'appuient MM. Noël et Chapsal, approuve *envier* *quelqu'un* et cite pour exemple : *Tout le monde* L'EN-VIE.

ESPÉRER, PROMETTRE, COMPTER.

Ces verbes, disent MM. Noël et Chapsal, portent à l'esprit l'idée d'une chose future ; il ne faut donc pas les faire suivre d'un verbe à un temps *présent* ou *passé*.

Cette remarque est entièrement fausse, bien qu'elle soit de Féraud, et qu'un certain M. Bonneau l'ait qualifiée de judicieuse. Dans cette phrase : J'ES-PÈRE *que Pauline se* PORTE *bien, puisque vous ne m'en parlez pas* (SÉVIGNÉ.), il n'y a que le verbe *espérer* qui puisse être employé, car, non-seulement madame de Sévigné pense que Pauline se porte bien, mais sa pensée est mêlée de crainte et d'espoir. Or, quel mot peut mieux rendre cette pensée que le verbe *espérer ?*

Un de nos écrivains a dit de même : *Après avoir reporté mes regards sur moi-même,* J'ESPÈRE *que je* SUIS *encore uni avec vous par une antique alliance.* Ici encore on ne peut qu'*espérer; l'auteur* n'est pas certain, il ne peut donc *croire.*

Quant à *promettre,* employé pour *attester, affirmer, assurer,* c'est certainement un barbarisme.

Ainsi ne dites pas : *je vous* PROMETS *que je l'*AI *vue;* je COMPTE *bien que vous* ÊTES *maintenant plus laborieux.* Il faut alors employer les verbes *croire, penser, se flatter, assurer,* etc.

ET.

Cette conjonction, marquant addition, ne doit jamais, disent MM. Noël et Chapsal, unir des expressions synonymes, parce qu'alors quoi qu'il y ait plusieurs mots, il n'y a réellement qu'une seule et même idée. Ainsi ne dites pas : *son courage* ET *sa bravoure étonne les plus braves; âme grande* ET *magnanime; un mot sublime ravit* ET *transporte;* mais dites: *son courage*

sa bravoure étonne les plus braves ; âme grande, ma-
gnanime ; un mot sublime ravit, transporte.

Si cette règle, que nous donnent MM. Noël et
Chapsal, est juste, que de fautes alors il y a dans nos
meilleurs écrivains ! Car lisez Voltaire, Racine,
Bossuet, Massillon, Bourdaloue, Bourdaloue surtout, et vous serez étonné des faits nombreux que
vous trouverez en opposition avec ce principe. Nous
n'en citerons que quelques-uns.

Le SAVOIR-FAIRE ET *l'*HABILETÉ *ne mène pas jus-*
qu'aux énormes richesses. (LA BRUYÈRE.)

Avouons que la force ET *le* COURAGE *a été comme*
le manteau royal qui l'a parée. (MASCARON.)

La GLOIRE ET *la* PROSPÉRITÉ *des méchants est*
courte. (FÉNELON.)

La DOUCEUR ET *la* MOLLESSE *de la langue italienne*
s'est insinuée dans le génie des auteurs italiens.

(VLTT?)

La POLITESSE ET *l'*AFFABILITÉ *est la seule dis-*
tinction qu'ils affectent. (MASSILLON.)

Voilà pour les substantifs ; passons maintenant aux
adjectifs.

Les âmes BARBARES ET INHUMAINES. (PASCAL.)

Sentiments d'orgueil qui corrompent d'autant plus
les âmes, qu'elles sont plus GRANDES ET *plus* ÉLE-
VÉES. (BOSSUET.)

Ne croyez pas que ses EXCESSIVES ET INSUPPORTA-
BLES *douleurs aient tant soit peu troublé sa grande*
âme. (IDEM.)

Que ne puis-je vous décrire cette âme si NOBLE ET
si GÉNÉREUSE ! (FLÉCHIER.)

8

Cet officier avait l'âme aussi CORROMPUE ET *aussi* ARTIFICIEUSE *que Sésostris était* SINCÈRE ET GÉNÉREUX.　　　　　　　　(FÉNELON.)

Les âmes SIMPLES ET CRÉDULES. (MASSILLON.)

Un corps FAIBLE ET MALADE *énerve l'âme.*
　　　　　　　　　　　　(VOLTAIRE.)

Âmes PURES ET INNOCENTES. (BOSSUET.)

Il ne nous reste plus qu'à donner des exemples des verbes.

C'est la religion qui fait les grandes âmes ; rien ne les ENFLE ET *ne les* ÉBLOUIT.

ÉVITER.

Ce verbe, disent MM. Noël et Chapsal, ne doit pas s'employer dans le sens d'*épargner*. Ne dites donc pas : *je vous* ÉVITERAI *cette peine*, dites : *je vous* ÉPARGNERAI *cette peine*.

Si *éviter* ne doit pas s'employer pour *épargner*, *épargner* peut-il s'employer pour *éviter?* C'est une question que nous prenons la liberté d'adresser à MM. Noël et Chapsal, qui définissent le *pronom* un mot qu'on met à la place du substantif pour en rappeler l'idée, et pour en *épargner* la répétition. (31ᵉ édition, page 16.) Il n'est pas permis de rajeunir une définition à l'aide de barbarismes ou de solécismes.

FIXER.

Signifie arrêter ; rendre stable : FIXER *un jour*, FIXER *un inconstant*. Il n'a pas le sens de *regarder*. Ne dites donc pas : *j'ai* FIXÉ *long-temps cette personne sans pouvoir la reconnaître* ; mais dites : *j'ai* REGARDÉ *long-temps cette personne*, etc.

Le mot *fixer* n'est point français dans le sens de *regarder fixement*, *d'attacher un regard fixe sur* une personne ou sur une chose; mais c'est une de ces expressions que l'usage devrait avoir consacrées. Ce verbe offre une des figures les plus énergiques, une des hyperboles les plus éloquentes de la langue; c'est non seulement saisir l'objet sur lequel nous portons la vue, c'est encore l'arrêter, le rendre immobile, nous l'approprier, l'identifier par le seul effet de nos regards, *habere in oculis*, disaient tout aussi hardiment les Latins.

J.-J. Rousseau, Duclos, Rivarol, madame de Genlis, Diderot, Anquetil, Thiébault, etc., l'ont fréquemment employé. Châteaubriand, tout en le condamnant dans une autre, l'avait laissé échapper deux fois dans la première édition du *Génie du Christianisme*, et les termes qu'il y a substitués depuis sont bien loin de racheter le sacrifice que cet écrivain a cru devoir en faire à la correction. Il lui appartenait, il appartient à quelques hommes qui doivent à leurs talents le privilége de donner aux mots le droit de cité, d'accueillir celui-ci, dont rien ne nous offre l'equivalent. Je le recommande aux lexicographes. (Ch. Nodier, à l'occasion des vers de Delille :

Chacun sur le damier *fixe* d'un œil avide
Les cases, les couleurs, et le plein et le vide....

D'un regard paternel *il fixait* tour à tour
Ce peuple de héros qui devaient naître un jour.)

IMITER.

Imiter l'exemple, selon MM. Noël et Chapsal, ne se dit que d'un modèle que l'on copie trait pour trait : *imiter une exemple d'écriture.* Hors ce cas, on dit *suivre l'exemple : il* SUIT *l'exemple de ses ancé-tres.*

Où MM. Noël et Chapsal ont-ils pris cette règle ? Chez les maîtres d'écriture peut-être; mais, nous l'avons déjà dit, il est ridicule de réformer un usage sur la foi d'un maître d'écriture qui ne sait pas le français. Or, lisez nos meilleurs écrivains, et vous vous convaincrez qu'ils ont dit également bien, au propre comme au figuré, SUIVRE *l'exemple*, ou IMI-TER *l'exemple de quelqu'un :* IMITEZ *leurs exemples.* (FLÉCHIER.) *Je ne connais personne qui ne doive* IMI-TER L'EXEMPLE *que je donne.* (RACINE.)

IMPOSER.

Imposer, disent MM. Noël et Chapsal, renferme une idée de respect, de considération, d'ascendant; *en imposer*, une idée de mensonge, de déception. *L'honnête homme qui dit franchement la vérité* IMPOSE — *Le fripon qui cherche à se tirer d'affaire par des mensonges* EN IMPOSE.

Voilà qui est bien; mais il nous semble que MM. Noël et Chapsal auraient dû faire remarquer que les écrivains ont bien rarement observé cette distinction. Que parlons-nous des écrivains ? MM. Noël et Chapsal s'inquiètent-ils de ce qu'ils ont dit ? Nullement. Leur unique soin est de fabriquer des règles bien sévères et de garotter la langue. Par un travers d'esprit que nous ne saurions trop atta-quer, ils se posent législateurs, et viennent dire à toute une nation : *Voilà notre code, à nous, et il ne vous est pas permis de vous exprimer autrement !*

Quand donc finira-t-on par comprendre combien il est ridicule et dangereux de s'en rapporter, en fait de langage, à la foi des grammairiens qui s'obstinent à ne point prendre pour guides nos meilleurs écrivains?

Prouvons donc que les faits, de même que la saine idéologie, n'établissent point l'idée étrange que *en imposer* signifie *tromper*, tandis que *imposer* signifierait *imposer du respect :*

Hier, j'avais espéré de briller avec trois ou quatre vieilles femmes qui certainement ne *m'imposent* point, et je devais dire les plus jolies choses du monde.
(MONTESQUIEU.)

Tu *m'imposais* ici pour me déshonorer. (VOLTAIRE.)

Il nous accuse de lui *imposer.* (BOSSUET.)

On craindra de vous *imposer*, quand l'imposture n'aura plus à attendre que votre colère. (MASSILLON.)

Loin d'ici ces riches du monde qui, par des fondations qui n'ont d'autres fonds que leur rapines, veulent *imposer* à la postérité!
(FLÉCHIER.)

Je demandais Arsace, afin de
(l'opposer

Au complice odieux qui pense
(m'imposer.
(VOLTAIRE.)

Tu ne peux *m'imposer*, perfide ; ne crois pas
Éviter l'œil vengeur attaché sur tes pas. (ID.)

Notre fière contenance *en imposa* aux ennemis.
(PLANCHE.)

Tantôt on supposait des prodiges ; mais ce moyen qui pouvait *en imposer* au peuple n'*en imposait* pas à ceux qui le gouvernaient.
(J.-J. ROUSSEAU.)

Je la voyais environnée de son époux et de ses enfants ; ce cortége m'*en imposait.*
(ID.)

Il n'y avait pas là de quoi *en imposer* au vulgaire grand et petit. (VOLTAIRE.)

Ils veulent bien plus *en imposer* aux autres et faire valoir leur talent, que se rendre meilleurs et plus sages. (J.-J. ROUSSEAU.)

Sa conduite *en impose.*
(VOLTAIRE.)

Tu m'*en imposes*, tu me subjugues, tu m'attires, ton génie écrase le mien, et je ne suis rien devant toi.
(J.-J. ROUSSEAU.)

MÊLER.

On dit *mêler avec*, *mêler à* et *mêler dans*.

Mêler avec se dit de ce que l'on confond ensemble : *mêler de l'eau* AVEC *du vin, du blé* AVEC *de l'orge.*

Mêler à veut dire joindre une chose avec une autre : *mêler les affaires* AUX *plaisirs, la douceur* A *l'affabilité.*

Mêler dans signifie inculper, comprendre dans : *mêler quelqu'un* DANS *une accusation, l'y comprendre. Ne me mêlez point* DANS *vos discours,* DANS *vos caquets.* (ACAD.) (*Omission de Noël et Chapsal.*)

PARLER.

Selon M. Boniface et quelques autre grammairiens, *mal parler*, c'est dire du mal, et *parler mal,* c'est s'exprimer mal. Mais nous ne voyons pas pourquoi on établirait cette règle ; les écrivains n'y sont pas favorables ; cette distinction d'ailleurs ne pourrait avoir lieu qu'à l'infinitif et aux temps composés ; c'est donc une exception qui a tous les temps simples pour exceptions ; c'est une subtilité. Pourquoi ne pas distinguer aussi *faire mal* et *mal faire, dire mal* et *mal dire,* etc ?

PINCER, TOUCHER.

On dit *pincer* la harpe, la guitare, etc. ; *toucher* l'orgue, le piano etc. Nous croyons que l'on doit préférer le régime direct, *pincer* la harpe etc., quand l'action se passe au moment de la parole : cette dame *pince* maintenant sa harpe ; et le régime indirect pour désigner le talent. On préfère aujourd'hui le verbe *jouer.* (*Omission de Noël et Chapsal.*

SAIGNER DU NEZ.

C'est perdre du sang par le nez par hémorrhagie ;
au figuré c'est manquer de résolution. *Saigner au
nez*, c'est perdre du sang par une blessure faite au
nez, de même que *saigner à la tête, au genou*, etc.
MM. Noël et Chapsal condamnent cette dernière expression ; il nous semble qu'ils ont tort.

TOUS DEUX, TOUS LES DEUX.

M. Sicard a dit, et beaucoup de grammairiens
entre autres MM. Noël et Chapsal, ont répété: *tous
deux* signifie *ensemble, l'un avec l'autre*, en même
temps, et *tous les deux* signifie *l'un et l'autre*, mais
non en même temps. Nous avons trouvé tous les
écrivains contraires à cette futile distinction ; ils emploient indifféremment les deux locutions dans les
mêmes cas.

EXAMEN CRITIQUE

DE LA

GRAMMAIRE POPULAIRE

DE

M. CHARLES MARTIN.

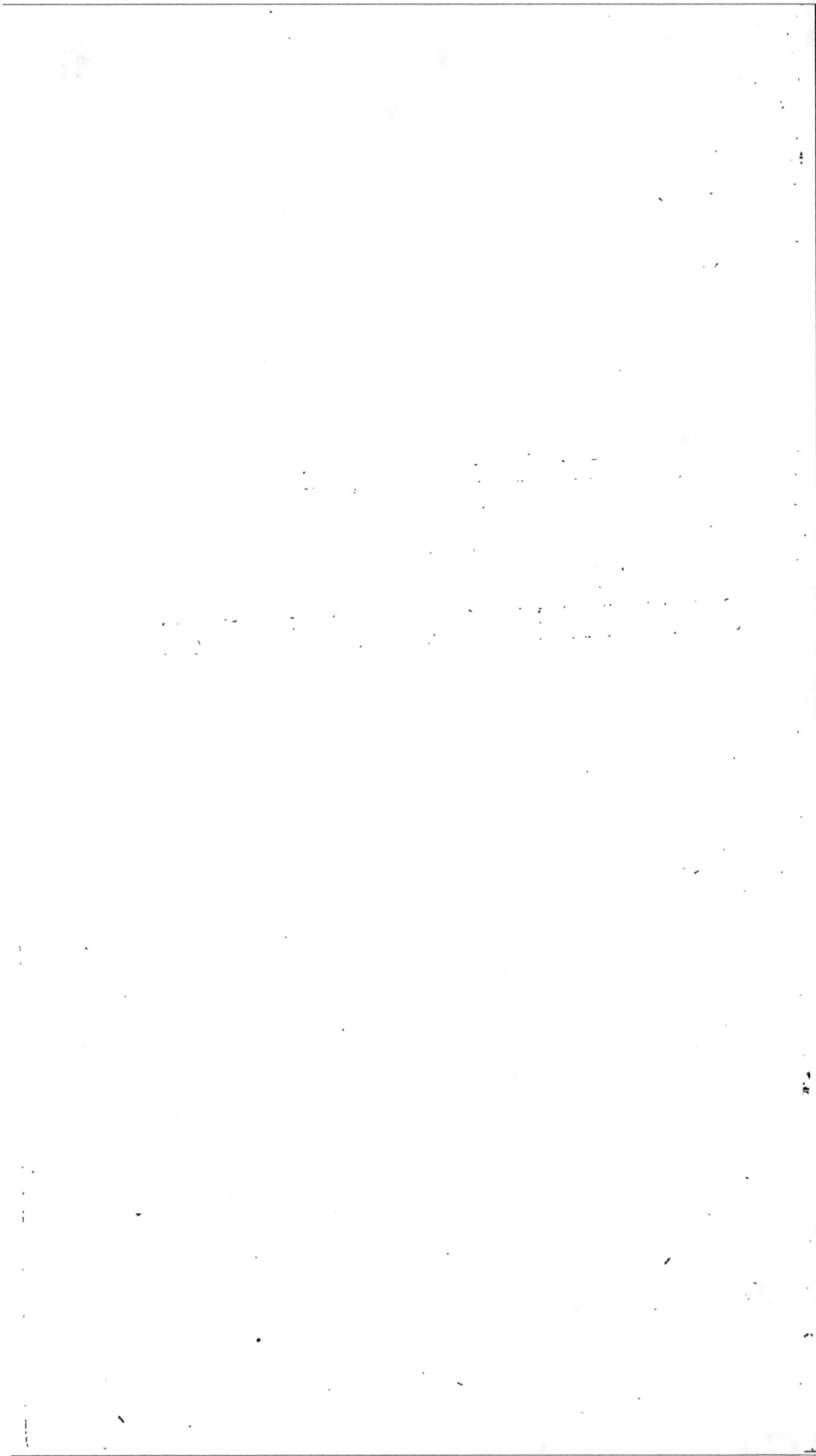

EXAMEN CRITIQUE

DE LA

GRAMMAIRE POPULAIRE

DE

M. CHARLES MARTIN.

Voilà un ouvrage entièrement ignoré à Paris, mais qui, en revanche, jouit dans la province d'une immense popularité, s'il faut du moins en croire M. Ch. Martin et ses pompeux prospectus, avis, catalogues, réclames, *pallas*, rapports, etc., etc.; car M. Martin n'a rien épargné pour arriver à cette prétendue popularité dans nos campagnes. Un journal bien connu par sa consciencieuse rédaction, l'*Instituteur*, a eu beau dire, à l'occasion des manœuvres employées à cet effet :

« Le charlatanisme est sans contredit la plaie la
« plus profonde et la plus honteuse de notre com-
« merce et de notre industrie nationale. D'avides
« spéculateurs ont envahi toutes les professions,
« la librairie surtout, et n'ont pas craint, pour faire
« des dupes, de débiter des ouvrages informes, ré-
« digés sans art et sans talent, mais parés de titres
« pompeux et riches de promesses. Ils ont vendu
« effrontément des apparences; ils ont fait fructi-
« fier le mensonge et la déception. Tous les moyens
« leur sont bons pourvu qu'ils parviennent à tirer
« de l'argent. A l'antique bonne foi commerciale, à

« la fidélité réciproque, ils ont substitué les subtli-
« tés, la ruse et la mauvaise foi ; ils ont corrompu
« les mœurs publiques en lassant la confiance par
« des tromperies répétées. De quoi n'ont-ils pas
« essayé? Ils ont feint la philanthropie, singé le
« dévoûment et la générosité à tel point que le
« peuple n'a plus maintenant que l'épreuve du temps
« et de l'expérience pour distinguer ceux qui veu-
« lent le tromper de ceux qui travaillent à son ins-
« truction et à son bien-être. »

Cela n'a pas guéri nos philanthropes de nouvelle
espèce ; ils ont continué d'aller leur train, et ils ne
craignent pas d'employer chaque jour encore les
moyens les plus grossiers pour arriver à leurs fins,
tant est grande leur imprudence, et tant est mince
l'opinion qu'ils ont de l'intelligence des instituteurs.

Qu'il nous soit permis de donner un échantillon
des éloges que se fait faire M. Martin.

« M. Ch. Martin, est-il dit dans un prospectus tiré
« à 40,000 exemplaires, avait senti plus vivement
« que personne combien est déplorable l'instruction
« toute *théorique* dans les écoles primaires. Ce fut
« pour remédier à cet abus qu'il composa sa *Gram-*
« *maire populaire,* où une *Théorie* simple, à la portée
« des plus jeunes enfants, et unie à une *pratique* fa-
« cile, appuyée sur des *Exercices* bien gradués et en
« harmonie avec chaque règle qui précède. Une
« méthode aussi heureuse par sa simplicité que fé-
« conde en résultats, fut accueillie dans la haute ad-
« ministration universitaire, chez les recteurs et
« chez les inspecteurs, avec autant d'empressement
« que chez les maîtres de pension et chez les insti-
« tuteurs, qui tous adoptèrent un livre qui les gui-
« dait sûrement, et qui garantissait à leurs élèves
« les plus prompts succès. Mais outre de si hono-
« rables simpathies, M. Ch. Martin doit trouver en-
« core une douce récompense de ses longs travaux
« et de son inébranlable constance à l'amélioration
« de l'instruction primaire, dans cette décision toute
« récente du *ministre de la guerre de la Belgique,*

« qui vient d'adopter la *Grammaire populaire* pour
« l'École normale élémentaire de l'armée belge.
« Aussi, pour répondre à un si brillant accueil,
« M. Ch. Martin a revu son ouvrage avec le plus
« grand soin, en sorte que cette 64ᵉ édition est en-
« tièrement à la hauteur des progrès que la langue
« a faits jusqu'à notre époque. La société doit donc
« ses remercîments à l'auteur pour l'amélioration de
« son ouvrage, si important par l'immense popula-
« rité dont il jouit dans l'instruction primaire. »

Quelle résistance voulez-vous que le pauvre public oppose à tant de séduction? M. Martin ne se
pose-t-il pas ici comme le *sauveur* de l'instruction
primaire? La société serait bien ingrate, en effet, si
elle ne le récompensait d'avoir doté l'enseignement
d'une *méthode aussi heureuse par sa simplicité que
féconde en résultats.* Aussi l'auteur s'est tellement
persuadé que son ouvrage était indispensable à tout
le monde, qu'il n'est pas un seul article, pas même
une seule ligne, où il ne renvoie à sa Grammaire.
Dans l'*Echo des écoles primaires,* où l'on répète
toute autre chose que ce qu'on entend dire, il n'est
pas d'alinéa qui ne finisse par cette rubrique obligée:
Voyez *ma Grammaire populaire.* Ecrit-on sur la
botanique: Voyez *ma Grammaire populaire.* Parle-
t-on du pays des Basques ou des Iroquois: Voyez
ma Grammaire populaire, et toujours voyez *ma
Grammaire populaire.* De telle sorte que les lecteurs
de l'*Echo* s'empressent de se procurer ce petit ouvrage qui leur est présenté comme une espèce de
panacée universelle, au moyen de laquelle ils pour-
ront, à l'exemple du fameux Pic de la Mirandole,
répondre *de omni re scibili.*

Un tel ouvrage, qui s'offre avec tant de prestiges
et si riche de belles promesses, vaut bien, ce nous
semble, la peine d'être examiné avec quelques détails.
Seulement, pour jeter un peu d'intérêt sur nos critiques, nous en varierons la forme, et nous les grou-
perons par généralités. Ce sera plus tôt fait, et le
lecteur en éprouvera moins d'ennui; car ce n'est pas

chose amusante au moins que la critique d'une grammaire, et surtout d'une grammaire populaire.

DU TITRE.

« GRAMMAIRE POPULAIRE, suivant le système
« des Écoles-Modèles, ou Grammaire pratique, en
« quatre-vingt-dix leçons, mise à la portée DES PLUS
« JEUNES ENFANTS, avec des Exercices orthogra-
« phiques gradués sur chaque leçon; des Récapitu-
« lations sur chaque chapitre; des Dictées sur les
« homonymes; des Exercices syntaxiques, et une
« nouvelle manière d'apprendre la conjugaison des
« verbes. Ouvrage qui a reçu l'approbation de plu-
« sieurs Recteurs de France, et qui vient d'être
« adopté par M. LE MINISTRE DE LA GUERRE pour
« l'École normale élémentaire de l'armée belge.
« Par Ch. Martin, auteur du *Voleur grammatical*,
« membre de différentes sociétés savantes. Soixante-
« quatrième édition, revue et considérablement
« augmentée d'exercices sur les verbes irréguliers,
« sur les participes, et enrichie d'un grand nombre
« d'exemples extraits de nos grands écrivains, suivie
« du tableau synoptique des verbes, par Vanier,
« ouvrage (*celui de M. Vanier, ne confondez pas*)
« adopté par l'université. »

Voilà, j'espère, un titre assez ronflant, et une manière tout-à-fait ingénieuse de s'adresser au public.

Sensibles cuisinières, et vous robustes portefaix,
qui confondez très souvent un mot avec un autre, ou
qui d'un seul mot en faites deux, consolez-vous;
voici la *Grammaire populaire* qui va vous tirer d'embarras. Prenez, lisez et étudiez, et bientôt vous
n'aurez plus à rougir d'écrire ainsi que vous le faites,
la phrase suivante : *vous trou verrez la mar me lade
da Bricau dans lar moire du ca Binet de la parle-
ment.*

Quant à vous, bons instituteurs qui ne savez à quel
saint vous vouer, prenez la GRAMMAIRE PRATIQUE
suivant le système des écoles modèles. Mais quel est ce
système, direz-vous? Ma foi je n'en sais rien ni M. Ch.
Martin non plus, j'en suis bien sûr; mais cela ne fait
rien; prenez toujours. Vous ne pouvez faire autre-

ment: *ouvrage qui a reçu l'approbation de plusieurs Recteurs de France, et qui vient d'être adopté par M. le Ministre de la guerre pour l'École normale élémentaire de l'armée belge!* Voulez-vous vous montrer plus difficiles qu'un Ministre de la guerre? Et puis croyez-vous que soixante-quatre éditions ne prouvent rien? A cela vous me répondrez que ce chiffre n'est peut-être pas exacte: c'est un doute qui m'est venu comme à vous, mais enfin qu'importe! Faut-il chicaner pour une soixantaine d'éditions de plus ou de moins? (1)

Ce petit charlatanisme n'est-il pas d'ailleurs reçu de nos jours?

DE LA PRÉFACE.

« Aujourd'hui, dit M. Ch. Martin, que les bons
« esprits reconnaissent que les meilleurs *Gram-*
« *maires-théoriques*, celles mêmes qui sont débar-
« rassées de termes techniques et d'une foule de
« règles et d'exceptions trop souvent inutiles et
« toujours mal saisies par l'œil rebuté de l'enfant,
« sont insuffisantes, et qu'on sent enfin le besoin de
« sortir du sentier trop rebattu de la routine, je pu-
« blie une véritable *Grammaire pratique* qui pro-
« met d'importants avantages à ceux qui la mettront
« en usage. Avec elle, il ne faudra qu'un seul livre
« élémentaire pour faire faire aux enfants toutes les
« études orthographiques, puisqu'elle renferme tout
« à la fois *les règles de la grammaire, des exercices*
« *français gradués, des analyses grammaticales*
« *graduées sur ces mêmes règles*, et qui en sont le
« flambeau; une *nouvelle manière d'enseigner la*
« *conjugaison*, un *traité du participe* et un du *sub-*
« *jonctif* avec des exercices sur les homonymes et sur
« les *règles de la syntaxe*; le tout renfermé dans un
« seul volume. L'enfant n'aura donc plus besoin
« d'avoir toujours autour de lui une kyrielle de li-
« vres élémentaires qui le dégoûtent évidemment
« des études; et les parents y gagneront beaucoup,

(1) Il est à remarquer que la *Grammaire populaire* qui, en 1834, n'en était qu'à la 6ᵉ édition, en est aujourd'hui à la 64ᵉ!!!

« puisqu'un seul ouvrage d'un prix si modique en
« remplacera plusieurs d'une dépense nécessaire-
« ment assez élevée : ce qui le rend *populaire*. »

Il est tout simple qu'un grammairien pense toujours faire mieux que ses devanciers, et anéantir en
quelque sorte tous leurs travaux pour les remplacer
par le sien. La préface d'une grammaire semble devoir être nécessairement la critique de toutes les
grammaires déjà existantes. Il serait difficile qu'il
en fût autrement; et nous ne sommes point surpris
que M. Ch. Martin ait songé à faire mieux que
Messieurs tels et tels. Nous allons voir si, plus heureux que ses devanciers, M. Ch. Martin, est enfin
parvenu à nous débarrasser de cette longue *kyrielle*
de pitoyables grammaires; et s'il nous a, comme il
s'en vante, procuré un bon livre élémentaire, chose
si fort désirée dans toutes nos écoles primaires.

DES DÉFINITIONS.

DÉFINITION DE LA GRAMMAIRE.

C'est en vain que nous avons parcouru tout l'ouvrage de M. Ch. Martin pour y trouver cette définition. Il n'en est pas du tout question. En effet, s'est
dit M. Ch. Martin, à quoi bon une définition de la
Grammaire? Placée en tête de l'ouvrage, elle arriverait trop tôt, et ne serait pas comprise. Rejetée à
la fin du volume, elle arriverait trop tard, car tous
ceux qui ont lu l'ouvrage ont pu s'en faire une idée.
Et puis les grammairiens définissent la Grammaire
tantôt *science*, tantôt *art?* Ma foi, fidèle au proverbe :
dans le doute abstiens-toi, M. Ch. Martin, dans cette
perplexité, a fait comme le sage, il s'est abstenu. En
sorte que l'enfant qui étudiera le petit livre de
M. Martin, restera coi quand son papa viendra à lui
demander : Mon ami, *qu'est-ce que la Grammaire?*
Papa, dira le petit marmot? *ça n'est pas dans mon
livre.* Comment, répliquera le papa incrédule, ça
n'est pas dans ton livre. Plaisante grammaire alors,
dira-t-il après s'être assuré du fait, que celle qui ne
donne pas la première, la plus essentielle de toutes
les définitions! Et se rappelant que son *Lhomond*

n'a pas commis une telle inadvertance, il enjoindra au maître d'école de laisser là la *Grammaire populaire*, et de faire étudier à son fils le petit *Lhomond*.

DÉFINITIONS DES PARTIES DU DISCOURS.

« Tout mot auquel on peut joindre une qualité ou « un défaut, comme *grand, petit, bon*, etc., est un « SUBSTANTIF. »

« Tout mot qui est placé avant un substantif pour « marquer qu'il s'agit d'un ou de plusieurs objets, « est ARTICLE. »

« Tout mot avant lequel on peut placer *il est* « *très* est un ADJECTIF. »

« Tout mot devant lequel on peut placer *je, tu, il* « etc, est un VERBE, etc., etc. »

Voilà qui est très bien, sans doute; mais encore une fois sont-ce là des définitions? Non, certes. Ce sont tout simplement des moyens mécaniques, bons tout au plus pour faire reconnaître aux enfants les parties du discours, mais nullement propres à leur en donner la plus mince idée. L'un n'empêcherait pas l'autre. M. Ch. Martin s'est laissé entraîner ici par l'exemple de M. Marle, qui a donné dans *le Journal grammatical*, en 1826, une nouvelle théorie de l'enseignement applicable aux parties du discours, et dans laquelle il remplace toutes les définitions scientifiques par des moyens purement mécaniques.

Le journal publié par M. Martin, *l'Echo des écoles primaires*, a dernièrement fait bonne justice de cette misérable ressource.

« Monsieur, dit Franc-Parleur, à l'instituteur, « avec votre permission, je vais adresser, à mon tour, « des questions à vos intéressants élèves.... Dieu de « Dieu! quelle érudition! quelle mémoire! Oh! « comme ils sont savants ces enfants-là! »

Franc-Parleur le devine; et, prenant la place du maître: « C'est bien, c'est très-bien, mes amis, c'est « fort bien! Voyons, toi, petit malin, qui as tant « soufflé les autres, dis-moi: — De ces deux mots:

« Soldat courageux, lequel est l'adjectif? *L'élève.*
« C'est *soldat. Franc-Parleur.* Bien, bien! Et de
« ceux-ci: Enfant sage? — *Un autre élève.* C'est
« *enfant.* »

Franc-Parleur. « Bien! Dans ces mots: Comment
« faire, mon ami? où est le verbe? — *L'élève.* C'est
« *comment. — Franc-Parleur.* Et pourquoi?

L'élève. « C'est qu'on peut mettre devant ce mot
« les pronoms *je, tu, il, nous, vous, ils, elles.* »

Bourguignon, éclatant. « Oh! c'est bon ça, c'est
« très bon! (1). »

Il est assez drôle de voir M. Martin faire sa propre
critique. De, deux choses l'une: ou M. Martin n'a
pas lu sa grammaire, ou il n'a pas lu le passage que
nous venons de citer, car bien certainement il ne se
serait pas laissé prendre à ce piége.

DE LA CLASSIFICATION.

ARTICLES.

Le, la, les,	simples.
Du, des, au, aux,	composés.
Ce, cet, cette, ces,	démonstratifs
Mon, ma, mes; ton, ta, tes; son, sa, ses, notre, nos, votre, vos, leur, leurs.	possessifs.
Un, deux, trois, quatre, cinq, six, etc.,	numériques.
Quelques, plusieurs, maint, aucun, certain, tel, quel, lequel, laquelle, tout, toute, chaque.	indéfinis.

« Je considère les adjectifs possessifs et les dé-
« monstratifs comme de véritables articles, parce
« qu'ils remplissent les mêmes fonctions: en cela je
« suis d'accord avec la plupart de nos meilleurs

(1) *L'Écho des écoles primaires,* 2ᵉ année, mois de sep-
tembre 1838

« grammairiens. Quand je dis : *mon* chapeau, *votre*
« maison, *tes* livres, c'est comme si je disais : LE
« chapeau de moi, LA maison de vous, LES livres de
« toi. *Mon, votre, tes*, servent à déterminer les subs-
« tantifs *chapeau, maison, livres*, et non à les qualifier.
« (Domergue, Condillac, Dumarsais, Vanier, Jour-
« nal de la langue française.) »

Comment oser attaquer cette classification qui a
pour elle l'autorité de Domergue, Condillac, Dumarsais, etc., etc.

Fantaisie nous est venue pourtant de vérifier si,
en effet, les grammairiens dont on se permet d'in-
voquer ici le témoignage, avaient réellement établi
pareille classification. Et quel ne fut pas notre éton-
nement en voyant qu'il n'en était rien.

1° Voici ce que dit en propres termes Condillac :
« Je ne reconnais d'autre article que l'adjectif *le, la,*
« *les*; puis il ajoute; l'article est un *adjectif* qui mo-
« difie en déterminant une chose, c'est-à-dire, en
« indiquant les vues de l'esprit, qui la considère
« dans toute son étendue, ou qui la renferme dans
« de certaines bornes. Quant à *mon, ton, son, sa,*
« *ses*, Condillac les appelle des *adjectifs possessifs.*
« *Ce, cet, cette, ces*, sont, d'après lui, des *adjectifs*
« *démonstratifs*; et *qui, que, quoi, dont, où*, etc.,
« sont des *adjectifs conjonctifs*.

2° Quant à Dumarsais, M. Ch. Martin ne l'a jamais
lu, non plus que Condillac; voici ce que dit Dumarsais : « Tout prépositif n'est pas appelé *article; ce,*
« *cet, cette, certain, quelque, tout, chaque, nul,*
« *aucun, mon, ma, mes*, etc, ne sont que des ADJEC-
« TIFS MÉTAPHYSIQUES. »

Ainsi, bien loin d'admettre que tous les mots cités
par M. Ch. Martin sont des *articles*, Dumarsais n'en
reconnaît aucun, pas même le fameux article *le, la,*
les. « A l'égard de *le, la, les*, ajoute en effet Dumar-
« sais, je n'en fais pas une classe particulière de
« mots sous le nom d'*article;* je les place avec les
« adjectifs prépositifs, qui ne se mettent jamais que

« devant leurs substantifs, et qui ont chacun un ser-
« vice qui leur est propre. »

Quant à Domergue, il ne les appelle ni *articles* ni
adjectifs métaphysiques; il les nomme *attributs par-
ticuliers*. C'est chose assez singulière de le voir cité
ici comme autorité, lui qui a là dessus une opinion
tout à fait différente de celle des autres grammairiens.

Enfin, M. Vanier, qu'invoque encore M. Ch. Martin, dit expressément: « Prétendre qu'il y a des ar-
« ticles *indéfinis*, comme quelques-uns les appellent,
« c'est évidemment une contradiction aussi forte que
« des conjonctions *disjonctives*. »

On voit que M. Ch. Martin n'a même pas lu le
Dictionnaire grammatical de M. Vanier, qu'il nous
prône cependant sans cesse comme *un des plus grands
monuments littéraires de notre époque*.

ADJECTIFS.

M. Ch. Martin place parmi les adjectifs les mots
*fat, gouverneur, serviteur, gouvernante, servante,
berger, bergère, débiteur, vendeur, débitrice, ven-
deresse, débiteuse, vendeuse*, etc.; c'est à tort, selon
nous, car tous ces mots sont de véritables substantifs.

C'est également à tort que M. Ch. Martin admet
des comparatifs et des superlatifs. Nous n'avons que
quelques mots tels que *meilleur, moindre, pire, illus-
trissime*, etc. qui, dans notre langue, expriment par
eux-mêmes des degrés de signification. Quand je
dis: *Paul est* AUSSI *sage que Jules, Paul est* PLUS
sage que Jules, l'adjectif *sage* ne subit aucune espèce
de modification, et ce sont seulement les adverbes
aussi et *plus* qui marquent la comparaison. Dans
toutes les grammaires, même les plus arriérées, on
a depuis long-temps renoncé aux comparatifs et aux
superlatifs. Que M. Ch. Martin vienne donc après
cela parler de progrès et se vanter d'avoir mis son
ouvrage à la hauteur de la science !

DES PRONOMS.

M. Ch. Martin place parmi les *pronoms* les mots *lequel, laquelle, lesquels, lesquelles,* que nous avons déjà vu figurer parmi les *articles.* La classification de M. Martin est, comme on le voit, excessivement élastique. Un mot l'embarrasse-t-il? Il le case dans trente-six classes : l'essentiel pour lui est qu'il ne soit pas perdu. Non, dirons-nous, *lequel* ne peut être à la fois *article* et *pronom ;* il ne peut être que l'un ou l'autre, et, à vrai dire, il n'est ni l'un ni l'autre : c'est un *adjectif métaphysique,* et voilà tout. Quand je dis en parlant de chapeaux ; *lequel voulez-vous ? lequel* ne tient ici la place d'aucun nom ; ce n'est donc pas un *pronom. Lequel* est tout bonnement un adjectif employé d'une manière elliptique; en effet, *lequel voulez-vous ?* est incontestablement pour *lequel* CHA-PEAU *voulez-vous ?* Voyez comme la chose la plus simple peut égarer même *le plus savant gram-mairien de notre époque,* surtout lorsqu'au lieu d'exa-miner les choses par lui-même, il se contente de copier servilement ses devanciers.

DES VERBES.

A l'imitation de M. Vanier, dont il est le fidèle *écho,* M. Ch. Martin n'admet que deux sortes de verbes : verbes d'état et verbes d'action. Le verbe d'état, c'est le verbe *être* auquel on ajoute un adjec-tif, comme *je suis inquiet, je serai content,* ou un participe passé, comme *je fus admiré, je suis chéri,* etc.. Tous les verbes autres que le verbe *être* sont des verbes d'actions.

Je suis inquiet est un verbe! *Risum teneatis ;* et voilà pourtant ce qu'enseigne la NOUVELLE ÉCOLE. Don Quichotte prenait des montagnes pour des géants ; la *nouvelle école* prend des phrases entières pour des verbes : l'un vaut l'autre.

Quant à *paraître, sembler, devenir, naître,* etc., nous voudrions bien savoir ce qu'en fait M. Ch. Martin. Les classe-t-il parmi les verbes d'action, ou parmi les verbes d'état?

DES REGLES.

Aide, dit M. Ch. Martin, est du féminin quand il signifie *assistance;* il est du masculin dans *aide-de-camp*, *aide-de cuisine*.

Si M. Ch. Martin avait pris la peine de lire la *Réfutation de Noël et Chapsal*, il y aurait vu que *aide* est féminin même lorsqu'il désigne celui qui travaille avec quelqu'un ou sous ses ordres; exemples: *cette sage-femme est l'une de ses aides.* (Académie.) *Dieu dit aussi: il n'est pas bon que l'homme soit seul; donnons-lui* UNE AIDE *qui lui ressemble.* (Morale de la Bible.)

Suivant M. Ch. Martin, les poètes font souvent le mot *amour* masculin ou féminin, selon le besoin.

M. Ch. Martin se trompe. Il n'y a pas que les poètes qui usent de cette licence; les prosateurs se le permettent aussi très fréquemment. On en peut voir une foule d'exemples dans la *Grammaire nationale*.

Quant aux mots *couple* et *gens*, les règles de M. Ch. Martin sont plus qu'incomplètes; et comme elles sont calquées sur celles de Noël et Chapsal, comme presque toutes les autres règles de la *Grammaire populaire*, les mêmes critiques leur sont applicables.

Un nom propre, avance M. Ch. Martin, ne prend pas la marque du pluriel, à moins qu'il ne soit employé comme nom commun.

C'est une erreur que nous avons déjà réfutée.

M. Ch. Martin dit que des *rouge-gorge* sont des oiseaux qui ont la *gorge rouge*. Voilà qui est très bien, et l'on est porté à croire que c'est là la seule orthographe à suivre pour ce mot. Mais pas du tout; dans une note particulière, M. Ch. Martin nous apprend que cependant l'Académie écrit: *un rouge-gorge, des rouges-gorges*. Or, ceci jette l'élève dans la plus grande incertitude. Adoptera-t-il l'orthographe de M. Martin ou celle de l'Académie? M. Martin aurait dû s'expliquer davantage sur ce point.

Rien de plus difficile que l'orthographe des mots terminés en *tion, sion, xion, cion*. A cet égard, voici la règle de M. Ch. Martin: Écrivez par *tion* tous les mots qui, avant la syllabe *tion*, ont une des lettres du mot *occupai*. Voilà qui est fort simple, sans doute, mais qui ne suffit pas, et, il y a plus, cette règle est tout à fait fausse. Avant de prendre cette règle à M. Marle, M. Ch. Martin aurait dû s'assurer de son exactitude.

Voici deux autres règles sur les collectifs, qui ne sont pas plus exactes.

« L'adjectif, le pronom et le verbe s'accordent
« toujours avec le collectif *général*, et non avec le
« substantif qui suit. Exemple : *l'armée des ennemis*
« A ÉTÉ MISE *en déroute;* MISE s'accorde avec *armée,*
« et non avec *ennemis. Ce troupeau de bœufs* APPAR-
« TIENT *à ce fermier;* APPARTIENT s'accorde avec
« *troupeau,* et non avec *bœufs.* Le collectif *général*
« est ordinairement précédé d'un de ces mots: *le,*
« *la, ce, cet, mon, ton.*

« Quand le collectif *partitif* est suivi d'un subs-
« tantif *pluriel,* l'adjectif, le pronom et le verbe s'ac-
« cordent avec ce substantif. Ex.: une foule de sé-
« *ditieux* ENTOURAIENT le sénat; *entouraient* s'ac-
« corde avec *séditieux.* Mais l'adjectif, le pronom
« et le verbe restent au singulier, si le collectif par-
« titif est suivi d'un substantif singulier. Ex.: une
« infinité de *monde* PARLE mal.

Ces règles sont très incomplètes, pour ne rien dire de plus; les exemples suivants en prouvent d'ailleurs toute la fausseté.

AVEC LE SINGULIER.	AVEC LE PLURIEL.
Une troupe d'assassins *entra* dans la chambre de Coligny. (*Volt.,* Ess. sur les Guer. civ.)	Une troupe de nymphes couronnées de fleurs *nageaient* en foule derrière le char. (*Fén.,* Tél., IV.)

D'adorateurs sacrés, à peine un petit nombre

Ose des premiers temps nous retracer quelqu'ombre.
(*Rac.*, Ath.)

D'abord il aperçut un grand nombre d'hommes qui *avaient* vécu dans la plus basse condition.
(*Fén.*, Télém., XVIII.)

La pluralité des maîtres *n'est* pas bonne.
(*Gram. des Gram.*, 673.)

La majorité des écrivains *emploient* le pluriel.
(*Gram. des Gr.*, 384.)

Une poignée de Lacédémoniens *courut* avec son roi à une mort assurée.
(*Bossuet*, Hist. univ.)

Une poignée d'hommes qui *osent* s'appeler les deux tiers de la province.
(*Mirab.*, Disc. 9 janv. 1790.)

Un grand corps de troupes *accourut* à son secours.
(*Volt.*, Ess. sur les Guer. civ.)

Il se trouve enveloppé par un corps de Spartiates qui *font* pleuvoir sur lui une grêle de traits. (*Barthel.*)

La moitié de mes gens *doit* occuper la porte,

L'autre moitié...
(*Corn.*, Cin., V.)

La moitié des arbres *sont* morts. (*Sicard*, Gram.)

On voit que les écrivains font accorder le verbe tantôt avec le collectif, tantôt avec le nom qui suit le collectif, que ce collectif soit partitif ou général.

Au chapitre des articles, chapitre si incomplet, M. Ch. Martin cite cette phrase: *je connais* BEAUCOUP DES *personnes que vous m'avez montrées.* Voilà un exemple qui n'est français que dans une grammaire populaire.

Les articles possessifs *mon, ma, mes, son, sa, ses, leur*, dit M. Ch. Martin doivent être remplacés par les articles *le, la, les*, quand il est clairement indiqué à qui appartient l'objet dont on parle, ou quand ils sont suivis d'une proposition qui en tient lieu. Ne dites donc pas: *j'ai mal à* MA *tête; vous vous êtes cassé* VOTRE *bras; je tiendrai* MA *parole que je vous ai donnée.* Dites: j'ai *mal à* LA *tête.* JE indique suffisamment que c'est à la tête *de moi* que j'ai mal.

Nous remarquerons cependant que si cette partie du corps est habituellement malade, on dit très bien, malgré M. Martin: *j'ai mal à* MA *tête, je souffre à* MA *jambe,* MON *bras* ME *fait mal,* etc.

C'est ainsi que madame de Sévigné a dit: *quoiqu'il soit un peu incommodé de* SON *bras.*

Si l'on doit en croire M. Martin, on écrit *l'an quatre* MIL *du monde*. Ceci est contraire à ce que disent toutes les grammaires, qui veulent qu'on écrive *l'an quatre mille*, en parlant des années qui ont précédé ou qui suivront le millésime dans lequel nous sommes.

Il est assez difficile de savoir à quel nombre mettre le mot *même* précédé d'un nom pluriel. A cet égard, voici la règle que donne M. Ch. Martin : *même placé après un ou plusieurs substantifs pluriels est toujours invariable* ; ex. : *J'ai tout à craindre de leurs larmes, de leurs soupirs, de leurs plaisirs* MÊME. Cette règle est contredite par les exemples suivants, où l'on voit que *même* varie ou ne varie pas au gré de l'écrivain :

VARIABLE.	INVARIABLE.
Ce mensonge n'a rien qui ne soit innocent. Les *dieux mémes* ne peuvent le condamner, il ne fait aucun mal à personne. (FÉNELON.)	La faiblesse aux humains n'est que [trop naturelle ; Les *dieux même*, les dieux de l'O-[lympe habitants, Qui d'un bruit si terrible épouvan-[tent les crimes, Ont brûlé quelquefois de feux illégi-(RACINE.) [times.
Il est aisé au traducteur de se tirer des *endroits mémes* qu'il n'entend pas. (BOILEAU.)	Je crois en trouver la raison jusque dans les beaux *endroits méme* de la Sophonisbé de Corneille. (VOLTAIRE.)
On ne donnerait pas aujourd'hui un soufflet sur la joue d'un héros. Les *acteurs mémes* sont très embarrassés à donner ce soufflet. (VOLTAIRE.)	On ne méprise point un charpentier, au contraire, il est bien payé et bien traité ; les bons *rameurs même* ont des récompenses sûres et proportionnées à leurs services. (FÉNÉLON.)
Les *rochers mémes* et les plus farouches animaux sont sensibles à de touchants accords. (GRESSET.)	Les *divertissements méme* de Pierre-le-Grand furent consacrés à faire goûter le nouveau genre de vie qu'il introduisit parmi ses sujets. (VOLTAIRE.)

Autre règle fausse : Si entre *quelque*... et... *que* il y avait un substantif et un adjectif, *quelque* s'ac-

9

corderait avec le substantif: *quelques vains lauriers que promette la guerre.* (BOILEAU.)

Voici des exemples tout-à-fait analogues à celui que cite M. Martin, mais où cependant *quelque* reste et doit rester invariable.

Quelque bons traducteurs qu'ils soient, ils ne comprendront pas ce passage.   (BONIFACE.)

Quelque fins politiques que fussent Burrhus et Sénèque, ils ne purent découvrir le fond du cœur de Néron.   (SAINT-RÉAL.)

Cette inexactitude avait déjà été relevée dans la *Réfutation de Noël et Chapsal,* et l'on doit s'étonner que M. Martin n'en ait pas profité.

Nous ne pousserons pas plus loin nos critiques sur les règles de la *Grammaire populaire,* qui, à quelques changements près, ne diffère guère de celle de MM. Noël et Chapsal.

DE L'ORTHOGRAPHE.

L'orthographe de la *Grammaire populaire* n'est pas la chose la moins curieuse de l'ouvrage. On écrit et l'on fait une loi d'écrire qu'ils *vièrent,* qu'ils *appèlent,* qu'ils *convièrent,* etc. Comme cette orthographe est aussi celle de l'*Écho des écoles primaires,* journal publié par M. Ch. Martin, nous croyons devoir reproduire ici la critique fort spirituelle qui en a été faite dans le *Moniteur général de l'instruction primaire.*

« Dans un journal qui a pour titre : *L'Écho des écoles primaires,* lequel écho se permet de reproduire toute autre chose que ce qu'il entend, on trouve à chaque page des fautes d'orthographe, dont nos écoles sont, Dieu merci, fort innocentes. Nous croyons devoir les signaler aux instituteurs, afin, que si ce recueil tombe entre leurs mains, ils ne pèchent pas, sur la foi d'une autorité de peu de poids: Il est surtout à propos de prévenir les aspirants au brevet de capacité contre ces erreurs, qui seraient fort mal reçues devant une commission d'examen, et qui pourraient compromettre le sort de leur composition.

Le journal dont nous parlons, écrit en toute rencontre : que je *viène*, je *prène*, j'*apprène*, je *tiène*, j'*appartiène*, je *jète*, j'*appèle*, etc. Je n'assurerais pas que tous les rédacteurs de cette feuille approuvent la susdite orthographe ; mais il suffit que le rédacteur en chef la trouve de merveilleuse invention, pour qu'il impose à tous ses collaborateurs, de par le droit d'un correcteur d'épreuves, l'obligation d'être novateurs comme lui.

Ce n'est pas sans un motif, sinon plausible, du moins spécieux, que M. le rédacteur-grammairien attaque sur ce point l'usage et l'autorité. «C'est pour conserver intactes, dans tout le cours de la conjugaison, les racines du verbe. Par la raison qu'il faut conserver les consonnes doubles dans je *brouelle*, je *travaille*, je *presse*, j'*étrenne*, je *resserre*, etc., partout où elles sont doubles dans les racines, et que ce serait une faute d'en supprimer une, je n'en mets qu'une partout, quand je n'en vois qu'une dans la racine. Il ne peut en être, en fait de raison, autrement que dans la nature ; *quand on plante des carottes, on ne doit pas s'attendre à voir pousser des navets*. Or je ne vois qu'une *n* dans *venir*, *venant*, *venu*, qui sont les racines du verbe d'où doivent sortir tous les rameaux de la conjugaison. Tout le monde écrit avec une seule *n*, je *viens*, tu *viens*, il *vient*, nous *venons*, vous *venez*. Pourquoi doubler l'*n* dans ils *viennent ?* C'est pour rendre grave l'*e* pénultième, qui se rencontre devant un *e* muet. Eh bien , mettez l'accent grave, et ne doublez pas la consonne.»

Ce système, établi sur des bases plus générales, était suivi par beaucoup d'écrivains dans la seconde moitié du dix-huitième siècle ; Dumarsais y a surtout, mais sans succès, ajouté l'autorité de son nom. Lemare l'a restreint aux cas où il est appliqué dans *l'Écho*. Il s'agit donc, non pas d'une réforme radicale, telle que la voulait il y a quelques années, M. Marle, de ridicule mémoire, mais bien d'une réforme partielle, tendant à mettre de l'unité dans l'ensemble de la conjugaison. Opposons quelques mots à cette prétention, quoique plus modeste.

1° On pourrait très légitimement se dispenser de discuter la nouvelle orthographe, et déclarer que les mots je *viène*, je *tiène*, sont tout simplement des barbarismes. C'est un axiome, que l'usage est souverain dans les langues : là on a tort quand on a raison contre tous, et les fautes provenant de l'esprit de système ne sont pas moins réelles que celles dont l'ignorance est la cause. Pourquoi poser sur le point qui nous occupe une règle arbitraire? Pour arriver à une régularité, à une symétrie, à une généralité qui n'existe nulle part dans notre langue. Un exemple entre mille. On est libre d'écrire un grand nombre de pluriels en conservant ou en supprimant le *t* du singulier : *enfants* ou *enfans, mouvements* ou *mouvemens.* Cependant quel grammairien osera dire : Dans tous les cas je conserverai le *t* du radical? Ou bien : Dans tous les cas je le supprimerai. Je me trompe : les grammairiens osent tout ; mais cela ne tire pas à conséquence. Prenez l'un des deux partis ; et d'abord, supprimez au pluriel le *t* du singulier : écrirez-vous, des *gans*, des *vens*, des *dens?* Vous auriez ainsi un système rigoureux et homogène. Préférez-vous écrire, avec l'Académie, des *enfants,* des *monuments,* des *dents?* A merveille ; mais vous reculerez devant le principe, quand il vous demandera d'écrire *touts* le pluriel de *tout.* Pareillement vous n'oserez vous insurger contre nos pères, parce qu'ils nous ont légué le mot *gens*, pluriel de *gent*, et vous ne vous donnerez pas le ridicule d'écrire *gents.* Prenons donc la langue telle qu'elle est, même avec ses caprices et ses anomalies. Bien peu d'hommes peuvent se flatter de la réforme, et peut-être les grammairiens moins que les autres.

2° Il vous plaît de poser un axiome relativement à l'influence du radical sur les formes dérivées. J'accepte pour un moment cet axiome, et je me permettrai d'en tirer des conclusions auxquelles vous ne pourrez guère échapper. Par exemple, je constate ce

principe: En général la lettre caractéristique du féminin dans les adjectifs est l'*e* muet: divin, divine,
certain, *certaine*, vain, *vaine*, courtisan, *courtisane*,
etc. Il n'y a qu'un *n* dans *divin*, parce qu'il n'y en a
qu'un dans le masculin, dont il est le produit immé-
diat; et comme, *lorsqu'on plante des carottes, on ne
doit pas s'attendre à voir pousser des navets*, l'adjectif *divin* ne peut donner naissance à *divinne*, ni *certain* à *certainne*. Je crois donc avoir fait une belle
trouvaille, et bien mériter de vous, quand j'aurai
posé qu'il faut raisonnablement écrire, et contre
l'usage: bon, *bone*, tien, *tiène*, moyen, *moyène*, etc.
Je ferai subir aux adjectifs en *l* la même opération
que vous faites subir aux verbes en *eler*: tel fera *tèle*;
quel, *quèle*; immortel, *immortèle*; bel, *bèle*; nouvel,
nouvèle; et ce dernier mot présentera un rapport
bien satisfaisant avec le verbe *renouveler*, je *renouvèle*: par là, deux mots qui se prononcent exactement de la même façon auront une orthographe
identique. Poursuivant victorieusement ma route, je
prendrai la liberté d'écrire *èle*, féminin de *il*; car,
si le mot latin d'où *il* s'est formé a perdu un *l* il est
bien juste que le féminin *illa* soit traité de même.
Voilà comme on tire parti d'un bon principe, et non
en restant en chemin, comme a fait Lemare et son
sectateur.

3° Il se peut que j'*appelle* et j'*appèle*, je *renou-
velle* et je *renouvèle* aient la même prononciation; mais
l'oreille n'admet pas également les autres substitutions d'orthographe. Il était reconnu jadis, je ne
sais si la chose est encore admise de nos jours, que
le redoublement de deux consonnes dans notre langue
abrégeait, en général, la voyelle précédente: *homme,
bonne* (1), *mienne*, etc. Or n'est-il pas singulier que
l'on prétende remplacer une brève par une longue.

---

(1) La chose est bien évidente pour ces deux mots: *homme*
en effet vient de *homo, bonne* de *bona,* et les consonnes *m* et
n n'ont été redoublées, en dépit de l'étymologie, que pour conserver à l'*o* sa quantité. Il en est de même des mots *sonne*, il

Pour quelle oreille je *jète* est-il la même chose que je *jette?* Pour quelle oreille l'*e* médial de *poète, interprète,* est-il le même que celui de *trompette, musette?* D'un côté, la prononciation de l'*e* ouvert se prolonge, de l'autre elle est très rapide. Nous dirons la même chose du verbe *tienne,* que l'on ne remplacerait par *tiène* qu'en altérant gravement la prononciation. Un étranger même ne confondrait pas le premier *e* d'*arène* avec le premier *e* d'*appartienne,* ni *Sirène* avec il *prenne,* un *renne.* Donc la nouvelle orthographe introduit un contre-sens, en même temps qu'un barbarisme. Enfin, il n'est personne qui ne connaisse que le verbe *vienne* et la ville de *Vienne,* le verbe *tienne* et l'adjectif possessif *tienne,* sont exactement la même chose pour l'oreille: ne trouvera-t-on pas bizarre que les deux verbes *viène* et *tiène* se séparent de leurs homophones dans l'orthographe Lemare?

Concluons que la suppression d'une consonne dans les cas précédents a contre elle l'usage, ce qui seul suffit, et la raison, ce qui est aussi de quelque valeur.

DES EXERCICES.

Page 14, exercice deuxième, et page 26, exercice onzième. « Le *pou.* » Le *pou* sale et dégoûtant. »

Voilà un mot bien digne de figurer dans une grammaire populaire! Aussi ne doit-on pas s'étonner de l'y voir répété plusieurs fois.

Page 16, exercices deux, trois et quatre.

« Le filou de la société. — L'ami de ma héroïne. « — La reine *de la* France. — L'empereur *de l'Au-* « triche. — Le vaisseau des États-Unis. »

Que signifient ces misérables locutions, et que peuvent-elles dire à l'esprit des enfants, la première et la dernière surtout? Quant à la reine *de la* France et à l'empereur *de l'*Autriche, cela n'est pas français, on dit: la reine *de* France, l'empereur *d'*Autriche. Qu'est-ce aussi que le *vaisseau des États-Unis?* Les États-Unis n'auraient-ils qu'un seul vaisseau? Sont-ce là les citations extraites de nos grands écrivains, dont M. Martin annonce avoir enrichi la soixante-quatrième édition de sa grammaire? Alors il fera bien de nous citer quels sont ces écrivains?

CACOGRAPHIE DES EXERCICES.

« *Se* nouveau étourdi. — Ma sœur est venu me
« voir, j'en *est* été enchanté. — Je *jourez* aux *lotos*.
« — Je *lirez* cette histoire. — Je *sortit* de la maison.
« — Tu *vin* dans cet instant. — Mon père la *revie*
« avec plaisir. — Bientôt elle nous *déplue*. — *Avou*
« que tu *t'et* mal conduit avec nous. — Tu *broyra*
« des couleurs. — Bientôt Ernest *courrat* seul. —
« Il *irat* te voir. — J'*étais* tout oreille. — Sois atten-
« tif à ce que l'on *t'enseignes.* — Un enfant *entrat*
« dans un jardin que Flore *avez* orné de fleurs. —
« Les traits dont la fleur se *trouvez* hérissés. —
« Cette femme vous *aurez* donné tous les noms que
« vous auriez voulu. — Tes sœurs *ce* sont *moqués*
« de nous. — Le sel et le sucre se *dissoudent* dans
« l'eau et s'y *résoudent.* »

Voilà de la cacographie toute pure, ou nous nous trompons fort. Cependant voici ce que M. Ch. Martin nous dit dans sa préface :

« Ennemi des cacographies, j'ai banni de sem-
« blables exercices de ma méthode, qui est fondée
« sur ce grand principe reconnu dans tous les temps,
« *que les connaissances qu'on perçoit par les yeux*
« *se gravent plus profondément dans l'esprit que*
« *celles qu'on perçoit par l'ouïe.*

« Les exercices qui se succèdent dans mon ou-
« vage sont autant de devoirs variés dans lesquels
« je m : suis bien gardé de vicier l'orthographe ab-
« solue; parce 1° qu'il ne faut rien présenter de
« faux à l'œil; 2° que de cette manière je dispenserai
« bien des pères de famille, qui souvent ne le pour-
« raient point, d'acheter un dictionnaire à leurs
« enfants 3° que les devoirs étant plus tôt faits, le
« maître et l'élève gagnent un temps précieux;
« 4° que je ne fatigue point l'esprit de ce dernier par
« une trop grande tension, les exercices soutenant
« son attention en même temps qu'ils développent
« son intelligence. »

DES CITATIONS.

On a vu sur le titre de la *Grammaire populaire,* titre que nous avons reproduit tout entier à dessein, que M. Ch. Martin avait enrichi son ouvrage d'une *foule* d'exemples extraits de nos plus grands écrivains. Nous avons pris la peine de compter cette *foule* de citations, et nous avons vu qu'au bout du compte, elles ne s'élevaient guère qu'à une quinzaine. O charlatanisme !

DES NOTES.

Pour tout lecteur indifférent, les notes que M. Ch. Martin a parsemées çà et là dans son ouvrage, ne paraissent avoir aucune importance. Mais, pour nous, elles en ont une grande, et nous sommes bien aises d'en instruire le public. M. Ch. Martin, qui a tant travaillé pour l'instruction primaire, a composé une foule d'ouvrages *ad hoc.* Or, comme il faut que tous ces ouvrages se vendent, le seul moyen d'arriver à ce but, c'est de les rendre en quelque sorte nécessaires. Donc, M. Ch. Martin vous parle-t-il d'une difficulté syntaxique, il met vite une note par laquelle il nous dit : VOYEZ *ma Grammaire des écoles supérieures,* qui se vend 1 fr. 75 c. pour Paris, et 2 fr. 25 c. par la poste. Vient-il à parler de la ponctuation ? « Vite cette note : « pour bien ponctuer, il « faut absolument connaître l'analyse logique. VOYEZ « mon *Traité d'analyse logique raisonnée,* prix 80 c. « chez Levrault, rue de la Harpe, 81. » Qu'en dites-vous ? N'est-ce pas là une manière excessivement adroite de *pousser* ses ouvrages ?

Nous n'avons pas eu l'intention de relever toutes les erreurs, les bévues, les imperfections, etc., de la *Grammaire populaire.* Un volume entier n'aurait pu y suffire. Cependant nous croyons en avoir dit assez pour prouver que cet ouvrage est loin d'être supérieur à toutes ces petites grammaires qui traînent sur les bancs de nos écoles, et encore moins surtout à celle de MM. Noël et Chapsal, et qu'il ne serait pas sans danger de la mettre entre les mains des enfants, qui pourraient y puiser une foule de notions fausses, et des modèles du plus mauvais goût.

RÉFUTATION

DU

DICTIONNAIRE GRAMMATICAL,

CRITIQUE ET PHILOSOPHIQUE

DE

M. VANIER,

ET DE

TOUS SES AUTRES OUVRAGES.

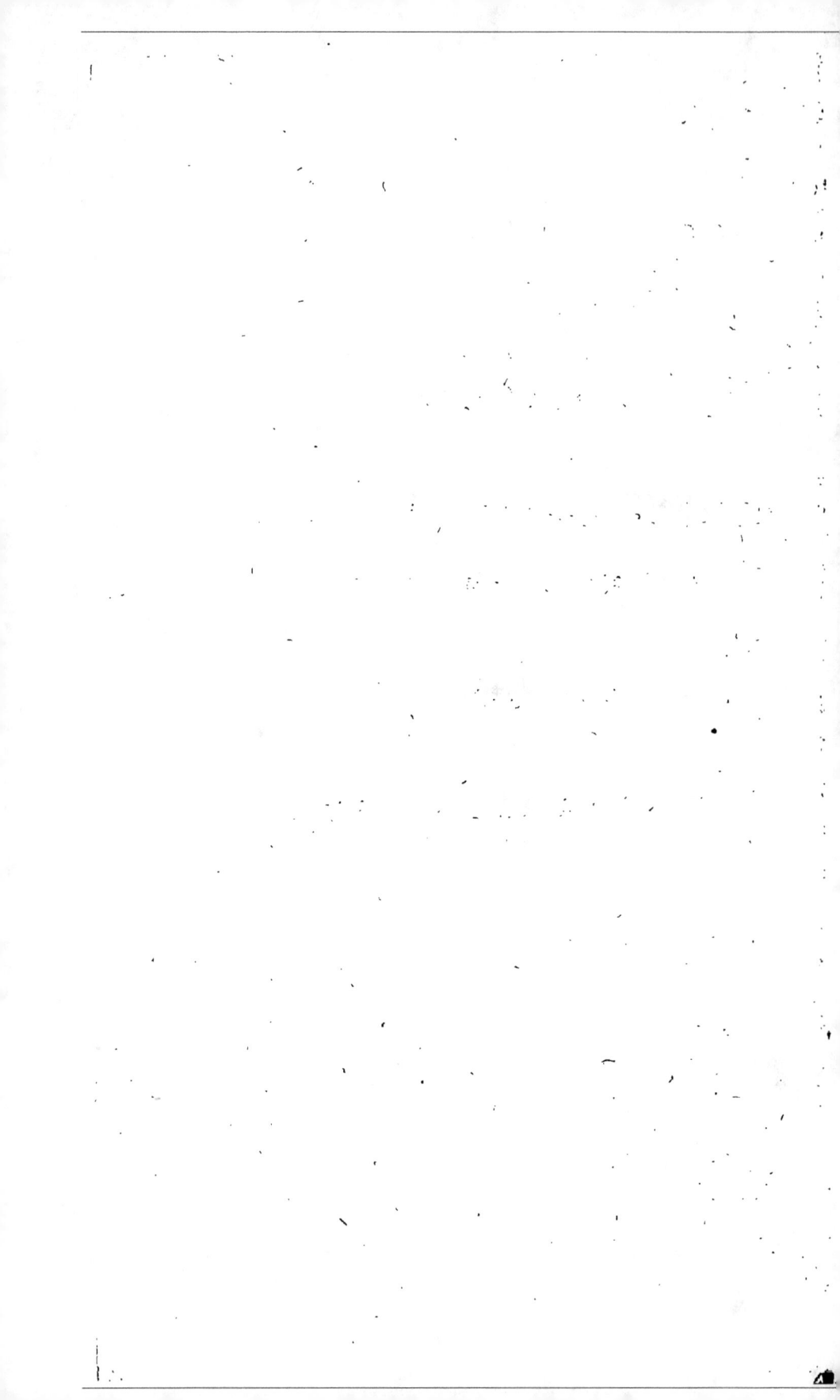

AVERTISSEMENT.

Nous ne connaissions aucun des ouvrages de M. Vanier, ni son *Dictionnaire grammatical*, ni sa *Grammaire pratique*, ni sa *Clef des participes*, ni son *Traité d'analyse*. Les pompeux éloges qu'on a faits de tous ces ouvrages dans le journal l'*Écho*, nous ont donné envie de nous les procurer et de les lire. Grande a été notre surprise d'y rencontrer une multitude d'erreurs, des absurdités sans nombre, des défauts de tous genres ; ils ne devaient pas rester plus long-temps sans être relevés e' signalés : nous avons songé dès lors à en faire l'objet d'une réfutation. Si n..us avons entrepris une tâche aussi pénible, c'est uniquement dans le but d'être utile au public et surtout aux instituteurs. Il importe qu'ils sachent à quoi s'en tenir sur certaines réputations et sur certains ouvrages, il importe qu'ils connaissent la vérité, il importe enfin qu'ils ne soient pas dupes des éloges de commande.

Le charlatanisme envahit tout aujourd'hui : les instituteurs ne sont pas à l'abri de ses atteintes ; on spécule sur leur bonne foi, on exploite leur désir d'instruction, on les séduit par de pompeuses annonces, on les capte par de magnifiques prospectus : de tout ce fastueux étalage de promesses, que résulte-t-il presque toujours ? le regret d'y avoir cru.

C'est surtout dans la vente des ouvrages d'ensei-

gnement que le charlatanisme déploie toutes ses res-
sources et fait jouer toutes ses batteries; il prend au
besoin la blouse du commis-voyageur, parcourt les
provinces, s'introduit dans les écoles, et là fait
effrontément l'éloge de la marchandise. Pour abuser
plus à son aise de la simplicité de cœur de ceux qui
l'écoutent, il met en avant des noms honorables, il
s'étaie d'illustres suffrages. Puis, dans sa verbeuse
éloquence, il fait appel aux sentiments généreux, il
dissimule son avidité sous les dehors de la philantrho-
pie; et s'il vient à s'apercevoir que l'emphase de
ses paroles ne produit aucun effet, il a recours, et
c'est là surtout l'odieux du métier, à des moyens
plus puissants; il effraie par des menaces indirectes
les consciences rebelles de ses auditeurs, il affirme
que l'autorité s'intéresse au succès des ouvrages qu'il
propose, et qu'il ne serait pas prudent de la mécon-
tenter par un refus. Grâce à la délicatesse de ses
manœuvres, le charlatanisme arrive souvent à ses
fins, et s'enrichit aux dépens de ses victimes.

Quant à nous, nous dirons aux instituteurs : Méfiez-vous des brillantes réputations que les journaux
font à certains hommes et à certains ouvrages à raison de trente sous la ligne. Méfiez-vous des belles
paroles de ces spéculateurs adroits qui s'adressent à
votre cœur pour arriver à votre bourse.

DICTIONNAIRE GRAMMATICAL.

A *préposition.* Dire que la préposition à indique un point de tendance, cela est très juste; mais dire que l'accent grave placé sur cette lettre est mis là comme *une petite flèche* qui indique l'objet vers lequel se porte l'action, cela peut paraître fort ingénieux à M. Vanier; mais à nous, cela nous semble bien ridicule. A notre avis, la préposition *à* n'est surmontée d'un accent grave que pour la différencier de *a* troisième personne de l'indicatif du verbe *avoir.* Si l'on avait voulu un signe indicateur pour désigner l'objet vers lequel se porte l'action, nous croyons que l'on n'aurait pas figuré la préposition *à* avec un accent grave, mais avec un doigt.

Il est faux que la préposition *en* indique un but, comme la préposition *à.* Chaque préposition ne peut désigner qu'un rapport, et celui qu'exprime la préposition *en* est le rapport d'intériorité, tandis que la préposition *à* exprime le rapport de tendance, comme il a été dit ci-dessus. Les exemples cités *il va en ville* et *il va à la ville* le prouvent assez.

Emplois de la préposition A. Ce paragraphe n'est pas mieux traité que le précédent; il fourmille d'erreurs. Il est impossible d'admettre, avec M. Vanier, que la préposition *à* indique, 1° le but; 2° la destination; 3° le moyen. La préposition *à* n'indique qu'un seul rapport, celui de tendance, d'attribution ou de direction. Que nous disions: *parler à quelqu'un, maison à louer, moulin à vent,* le rapport de la préposition *à* est le même dans ces trois cas; mais il ne faut pas analyser *moulin à vent* comme le fait M. Vanier: *moulin mu par le moyen du vent.* Cette analyse est d'autant plus vicieuse de la part de M. Vanier qu'il dit à peu près vingt lignes plus haut que, quelque forte que soit une ellipse, on ne doit, en saine grammaire, que remplir les mots qui manquent et ne jamais changer ceux qui figurent dans la phrase. Pourquoi M. Vanier manque-t-il si tôt au précepte qu'il indique si bien? *Moulin à vent* doit s'analyser ainsi: *moulin tourné, exposé au vent.* D'après cette analyse, qui ne voit le rapport de direction exprimé par la préposition *à*? Les substitutions, les à-peu-près sont la pire chose que nous connaissions en grammaire.

C'est bien à tort maintenant que M. Vanier s'emporte contre les grammairiens qui ont l'outrecuidance de traduire *maison à louer* par *maison à être louée*; le ridicule dont il cherche à les couvrir ne retombe ici que sur lui. Sans doute que *maison à louer* peut être traduit par *maison à être louée*, comme *j'aime Dieu* peut être traduit par *Dieu est aimé de moi*. Dans le premier cas, la phrase est active; dans le second, elle est passive. Quand on dit: *maison à louer*, il y a de sous-entendu *par moi*, *par quelqu'un*, *par le propriétaire*, *à celui qui en voudra*, ce qui revient à l'analyse de M. Vanier: *maison destinée à ce qu'on la loue*, analyse qui ne diffère en rien de celle des grammairiens: *maison destinée à être louée par quelqu'un*. Tout cela est absolument *bonnet blanc, blanc bonnet*. Voulez-vous savoir pourquoi M. Vanier déploie tant d'aigreur, tant d'animosité contre la traduction de *maison à louer,* par *maison à être louée*? parce que l'on ne peut pas traduire *contes à rire* par *contes à être ris, fléau propre à battre le blé,* par *fléau propre à être battu.* Voilà pourtant comme raisonne M. Vanier! Si *contes à rire,* dirons-nous, ne peut pas se traduire par *contes à être ris,* c'est que *rire* est un verbe intransitif qui ne se construit jamais avec *être*; de même si *battre* ne peut pas se tourner par *être battu* dans *fléau à battre le blé,* c'est que ce n'est pas le sujet *fléau* qui est *battu*, mais bien le mot *blé*, complément du verbe *battre. Des contes à rire,* sont des contes faits de manière à ce que l'on puisse rire; un *fléau à battre le blé,* est un fléau propre à ce que l'on puisse battre le blé. Voilà l'analyse de ces phrases qui paraissent avoir tant embrouillé M. Vanier, et qui lui ont fait établir des comparaisons sans aucune analogie; c'est ce qui fait précisément l'inutilité, disons même, le ridicule de ses critiques et de ses déclamations.

Inversions avec la préposition A. Dans le troisième paragraphe, M. Vanier n'est pas plus heureux que dans les deux autres; il se trompe, et ses erreurs proviennent encore de fausses comparaisons. « Quand l'ordre naturel, est interverti, dit M. Vanier, il y a inversion, alors l'antécédent ne vient qu'après le conséquent, et la phrase se trouve commencée par la préposition. C'est ainsi que l'on dira: *A cette tisane on pourra ajouter du miel;* l'antécédent est: *On pourra ajouter du miel,* et le conséquent est *à cette tisane.* » Jusqu'ici cela va très bien; mais M. Vanier n'y est plus quand il avance que les phrases suivantes sont de même construction: *A son air surpris, j'ai jugé qu'on ne l'avait prévenu de rien. A sa voix, je l'ai reconnu. A le voir, à l'entendre, on l'aurait pris pour un petit saint, etc.* Selon nous, elles ne sont plus dans la même analogie. *A cette tisane on pourra ajouter du miel* est une phrase inverse, parce que le régime indirect d'*ajouter* est *à cette tisane,* et que dans la construction droite, ce régime doit être après le verbe. Remarquez encore que cette phrase ne fait qu'une proposition, et que malgré l'inversion elle ne doit pas être coupée par une virgule, comme l'a fait à tort M. Vanier. *A son air surpris, j'ai jugé, etc.* n'est plus une phrase inverse, c'est une phrase ellip-tique qui contient deux propositions, et qui, par cela même, doit être coupée par une virgule. Jamais M. Vanier ne nous fera croire que les mots *à son air surpris* soient le régime indirect du verbe *juger,* puisqu'au contraire ils le sont de *faisant attention* sous-entendu: *(faisant attention) à son air surpris, j'ai jugé, etc.* Il n'y a donc pas inversion, puisqu'il y a deux propositions, et que la première est *faisant attention à son air surpris,* et que la seconde est *j'ai jugé, etc.* Il faut raisonner de même pour les autres phrases. Mais il y aurait inversion si l'on disait: *A son air surpris j'ai fait attention,* et cette phrase serait alors dans la même analogie que celle-ci: *A cette tisane il faut ajouter du miel.*

« Il faut une certaine habitude, dit M. Vanier, et surtout de l'intelligence pour bien saisir le rapport des prépositions dans les phrases inverses; car il ne s'agit de rien moins que de retourner la phrase en tous sens, de rétablir les ellipses, en un mot d'être logicien. » C'est une qualité que l'on peut contester à M. Vanier.

ABLATIF. A l'occasion de ce mot, M. Vaniér cite cette phrase, *Paul va de Paris à Versailles*; puis il ajoute: le point de départ est *Paris*, c'est l'*ablatif*; le point d'arrivée est *Versailles*, c'est le datif. Il y a dans cette observation une erreur d'autant moins pardonnable , que M. Vanier vient de dire qu'il n'y a de *cas* que dans les langues désinentielles. Comment se fait-il donc qu'il prenne *Paris* pour un *ablatif* et *Versailles* pour un *datif?* M. Vanier devrait pourtant savoir qu'il n'y a pas de *cas* dans la langue française.

Cas, du mot *casus*, signifie proprement *chute*, et par extension, *cadence*, *terminaison*, *désinence*. Ainsi les latins avaient des *cas*, parce que, par exemple, le mot *rex* fait *regis, regi, regem, rex, rege* dans sa déclinaison. Les cas étaient donc les différentes chutes ou terminaisons qu'un mot pouvait recevoir tant au singulier qu'au pluriel, et par lesquelles on exprimait certaines vues particulières de l'esprit ou certains rapports sous lesquels on peut considérer les noms.

Les Latins avaient six cas, tant au singulier qu'au pluriel; savoir: le *nominatif*, qui énonçait simplement le sujet; le *génitif*, qui exprimait un rapport de qualification; le *datif*, qui désignait un rapport d'attribution ou de tendance; l'*accusatif*, qui représentait l'objet; le *vocatif*, qui était destiné à appeler; l'*ablatif*, enfin, qui, avec le secours d'une préposition très souvent sous-entendue, exprimait un rapport d'éloignement.

Mais puisque les noms de la langue française reçoivent d'autre variation que celle du nombre, il est évident que cette langue n'a point de cas. Ainsi les dénominations qui désignent les cas ne pouvant pas avoir lieu dans notre nomenclature grammaticale, le nominatif doit être appelé *sujet;* le génitif, *rapport de qualification;* le datif, *rapport de tendance* ou *d'attribution;* l'accusatif, *objet;* le vocatif, *apostrophe;* et l'ablatif, *rapport d'éloignement.*

Or, dans la phrase donnée, *Paul va de Paris à Versailles,* la préposition *de* exprime le rapport d'éloignement, et la préposition *à* le rapport de tendance. Voilà ce que M. Vanier aurait dû dire et ce qu'il n'a pas dit.

ACTIF. « Tout verbe qui exprime l'action est évidemment *actif,* soit que l'action ait ou n'ait point d'objet direct. Ainsi : *marcher, courir, nager, arriver, rire, prendre, écrire, voir, asseoir,* en un mot, *tous les verbes des quatre conjugaisons, sont des verbes actifs.* Seulement il faut les diviser en *transitifs* et en *intransitifs.* »

Cela n'est pas exact, M. Vanier. Vous commettez ici la même erreur que MM. Noël et Chapsal, lorsqu'ils disent dans leur grammaire que le verbe neutre, comme le verbe actif, marque une action faite par le sujet, mais qu'il en diffère en ce qu'il ne saurait avoir de régime. Cette définition n'est pas meilleure que la vôtre, ou plutôt votre définition n'est pas meilleure que celle de MM. Noël et Chapsal; elle sent la vieille école, et vous êtes le coryphée de la nouvelle ! Torturez-vous l'esprit comme vous voudrez, jamais vous ne parviendrez à démontrer que dans *Victor appartient à ses père et mère,* le verbe marque une action faite par le sujet; c'est que le verbe *appartenir* n'est pas un verbe d'action, mais bien un verbe d'état. En effet, quand on dit : *Victor appartient à ses père et mère,* loin de voir que Victor fasse aucune action, on voit, au contraire, qu'il est moralement dans un état passif. La définition que vous donnez est donc fausse pour ce qui est du verbe *appartenir.* Nous en pourrions dire autant de *dormir, exister, jouir, réfléchir,* et d'une foule d'autres verbes qui expriment toujours un état, jamais une action.

Mais ce qui peut vous justifier, ce sont les deux exemples que citent MM. Noël et Chapsal à l'appui de leur définition: *je vais en Italie, je travaille avec courage.* Bien que *travailler* et *aller* soient des verbes neutres, il est incontestable que les sujets de ces verbes font l'action d'aller et de travailler. Beaucoup d'autres verbes se trouvent dans le même cas; tels sont *manger, boire, marcher, nager, courir,* etc.

Vous voyez donc qu'il y a des verbes neutres ou *intransitifs* si vous voulez, dont les sujets sont dans tel ou tel état, et d'autres dont les sujets font telle ou telle action. Or, nous vous avons prouvé que vous et MM. Noël et Chapsal avez donné une mauvaise définition.

Vous dites que c'est un abus de mots d'appeler *actif* un verbe transitif. Nous n'avons pas le temps de disputer avec vous sur les mots, mais pourquoi dites-vous que tout verbe qui exprime l'action est évidemment *actif?* Vous employez ce que vous paraissez condamner.

Vous dites encore, dans cet article, qu'on appelle *modatif actif,* ou *adjectif actif,* ou *modatif* d'action, le mot en *ant,* invariable de sa nature, et communément appelé participe présent, comme *marchant, courant, allant, venant, etc.* Vous prêtez ici votre langage aux autres. Nous ne connaissons que vous et M. Napoléon Caillot qui appelez *modatif inerte* ce qu'on nomme généralement adjectif, *modatif actif* ce qu'on nomme participe présent, *modatif résultatif* le participe passé, ét *verbes intransitifs* les verbes neutres.

ADJECTIF. « Il y a en français deux natures bien distinctes d'adjectifs, les uns d'état, les autres d'action. »

Erreur, mille fois erreur. Il n'y a ni adjectif d'état, ni adjectif d'action. Il y a bien deux sortes d'adjectifs, mais les uns sont physiques et les autres métaphysiques. Voilà la seule distinction qu'il faille reconnaître avec Dumarsais et tous ceux qui sont de son école. Les adjectifs physiques retracent les impressions que les objets physiques font sur nos sens; les adjectifs métaphysiques ou déterminatifs indiquent les différents aspects sous lesquels

l'esprit considère les mots. Ainsi *bleu*, *blanc*
noir, *rouge*, *etc.*, sont des adjectifs physiques;
le, *la*, *les*, *mon*, *ma*, *mes*, *ce*, *cette*, *tout*, *quelque*,
chaque, des adjectifs métaphysiques ou détermina-
tifs.

Quand vous dites que l'action, c'est le mouvement,
que l'état, c'est l'inertie, vous nous apprenez-là des
vérités de M. de Lapalisse.

« AUTEUR et *amateur* n'ont point de féminin.
On dit : une femme *auteur*, une femme *amateur*. »

Depuis long-temps on dit *amatrice*. J.-J. R. en a
donné le premier l'exemple : *A Paris le riche fait
tout, il n'y a d'ignorant que le pauvre. Cette capitale
est pleine d'amateurs et surtout d'amatrices, qui font
leurs ouvrages comme M. Guillaume faisait ses couleurs.* Ce mot est approuvé par les règles de la néolo-
gie. Linguet, Domergue et plusieurs écrivains l'ont
employé. Il se trouve aussi dans le dictionnaire
de l'Académie.

Quant à *auteur*, quoi qu'en dise M. Vanier, nous
avons déjà vu plusieurs fois ce mot au féminin dans
diverses productions du jour. En effet on devrait dire
une auteur comme on dit *une artiste*, *une philosophe*
Cette opinion est partagée par la société grammaticale et tous les amis du progrès.

« ADVERBE, du latin *adverbum*, ajouté au verbe.
Dans la nouvelle école, on l'appelle *admodatif*,
surmodatif, ou *surattribut*, ou encore *surmodifica-
-tif*. » Si ce sont là les termes de la nouvelle école,
nous craignons bien qu'ils ne fassent pas fortune.

« *Faux* est adjectif dans *cette pièce est fausse;*
mais si nous disions : *ces demoiselles chantent faux*, le
mot *faux* ne modifie plus le sujet ici, c'est *chantant*,
attribut actif qui modifie le sujet; et *faux* est adverbe. » Non, *faux* n'est point un adverbe. Un mot
ne peut changer de nature, non plus qu'un être quelconque. *Faux* est essentiellement adjectif. S'il ajoute
une modification au verbe dans *ces demoiselles chantent faux*, c'est que cet adjectif fait partie d'une expression adverbiale et que le substantif auquel il se

rapporte est sous-entendu, comme l'atteste l'analyse suivante : *ces demoiselles chantent (d'un ton) faux.* Nous pourrions justifier cette analyse par un nombre infini de citations, mais nous nous bornerons à celles-ci : Bossuet, dans ses Elévations sur les mystères, dit : 1° avec la construction pleine : *pour parler d'un ton plus aigu ou plus gros, ou plus haut, ou plus bas, je dilate encore ou je resserre une autre partie, dans le gosier, qu'on appelle trachée-artère, quoique je ne sache pas même si j'en ai une ;* 2° avec ellipse : *il suffit que je veuille parler haut ou bas, afin que tout se fasse comme de soi même.* Soutenir donc qu'un adjectif peut devenir adverbe, c'est attribuer à un mot deux natures différentes ; ce qui est absurde.

Mais ce qui dépasse l'absurde à nos yeux, c'est de voir M. Vanier prétendre sérieusement que les substantifs peuvent aussi devenir adverbes ou du moins être employés adverbialement. Selon lui *année, mois, lundi, mardi, dimanche*, jouent le rôle d'adverbes dans *j'irai vous voir l'année prochaine, dimanche prochain, le mois prochain, lundi, mardi.* Y songez-vous, M. Vanier ? Comment, dans *j'irai vous voir lundi, lundi* est adverbe ? *j'irai vous voir chez vous ; j'irai chez monsieur un tel, chez vous, chez monsieur un tel* seraient donc alors des expressions adverbiales ? *Risum teneatis.*

ADVERSITIF. « *Pierre ou Joseph ira. Pierre et Joseph iront.* Dans l'ancienne école on a considéré *et* comme un lien et *ou* comme une paire de ciseaux. » *Ou* une paire de ciseaux ! quelle comparaison bouffonne ! Nous savons, du reste, que c'est là le style de M. Vanier, et que le chef de la nouvelle école prête bien à rire à l'ancienne.

AFFIRMATIF. « Le jugement affirmatif s'oppose au jugement négatif. »
C'est le cas de chanter : *M. de la Palisse est mort.*

AIR. « Le bon usage ne permet pas d'employer l'expression *avoir l'air*, en parlant des choses et des qualités physiques. Ne dites pas : *Cette ville a l'air grand, ni grande ; cette maison a l'air bien bâti, ni bâtie ; cette rue a l'air fréquenté, ni fréquentée.* »

Vous décidez là ce qui est précisément en question. Sans doute qu'on ne dira pas *cette ville a l'air grand,* cette maison a l'air bien bâti, *celle rue a l'air fréquenté,* mais on peut dire *cette ville a l'air grande* etc., par la raison qu'on dit *cette ville a l'air d'être grande.* La construction pleine conduit naturellement à la construction elliptique. Aussi ne devons-nous pas faire difficulté de dire avec Laveaux : *Cette soupe à l'air bonne, cette dame a l'air coquette ;* avec Fabre : *cette terre a l'air cultivée, ensemencée ; cette robe a l'air bien faite ;* avec Lemare, Bescher, Maugard, Lévizac, Sicard et tant d'autres : *Madame, vous avez l'air si bonne ! cette femme a l'air campagnarde ; elle a l'air belle ; elle a l'air laide ; elle a l'air bien faite ; elle a l'air bossue ; elle a l'air vieille ; elle a l'air interdite ; cette volaille a l'air cuite ; ces huîtres ont l'air fraîches* Si toutes ces autorités ne vous suffisent pas, nous ajouterons encore les exemples suivants :

Cette proposition n'a pas l'air *sérieuse.*

(VOLTAIRE.)

C'était de ces images qui ont l'air plus *anciens* que *vieux.* (MARIVAUX.)

Eh bien, Sylvie, vous avez l'air *toute embarrassée.*

(ID.)

Cette personne a l'air *contente.* (ACADÉMIE.)

Ces naturels, hommes et femmes, avaient tous l'air *contents* et même *heureux.*

(BIBLIOTHÈQUE DES VOYAGES.)

Au dire de M. Vanier, toutes ces phrases sont gauches et de mauvais goût. Monsieur Vanier est du nombre de ces grammairiens qui mesurent les mots au compas et les phrases à la toise, sans rien accorder à l'essor du génie. Il ne se doute pas qu'en voulant bannir de notre langue des locutions correctes et utiles, il cherche moins à l'épurer qu'à l'appauvrir. Mais quittons le sérieux et venons au plaisant.

Bescher soutient que les gens de bonne société disent tous les jours :

Ces huîtres ont l'air *fraîches*;
Cette volaille a l'air *cuite*.

M. Vanier lui répond : « Pourquoi faire comme
les enfants qui vont marcher dans le ruisseau quand
ils ont beau chemin? Allons sur la bonne route, et
ne suivons pas ceux *qui ont l'air* de nous persuader
que la mauvaise est la meilleure. » Nous aurions
tort de nous plaindre de la comparaison et du jeu
de mot : tout cela est noble, de bon goût et surtout
spirituel. Mais voici du comique et du tragique tout
à la fois. On nous cite, dit M. Vanier : Bescher,
Maugard, Lévizac, Sicard et même Lemare. Je dirai
à ce dernier comme j'ai dit à Andrieux dans le temps:
Et toi Brutus ! A une pareille exclamation, **nous
sommes sûrs** qu'Andrieux a dû alors pouffer de rire.

ALPHABET. Dans cet article il est parlé de
dada et même de *tata;* nous sommes surpris de n'y
avoir pas vu *dodo, pipi, popo.* Ah! M. Vanier ce
sont là des omissions impardonnables.

AMOUR. C'est très bien de faire connaître le
genre de ce mot; il est très louable aussi d'avoir indiqué celui des mots *aide* et *aigle.* Pourquoi s'arrêter
en si beau chemin, et ne rien dire des autres mots
à *double genre ?* Est-ce que vous croyez qu'il n'eût
pas cent fois mieux valu consacrer un petit article à
automne, par exemple, que de nous dire ce que c'est
qu'*additif, adventice, affixe, allitération, anacoluthe,
anadiplose, anaphenise, anaphore, anastrophe, an-
nomination, antanaclasse, antioccupation, antimé-
lathèse, antiptose, aphérise, apodictique, apodionis,
aposiopèse, arsis,* tous termes baroques qui ne signifient rien, qui ne sont jamais employés, et qui
grossissent inutilement votre dictionnaire. Pourquoi
avoir fait autrement que Laveaux, ou plutôt pourquoi
avoir voulu refaire Laveaux. Au lieu de vous mettre
au-dessus, vous êtes resté bien au-dessous de votre
devancier.

ANALYSE. « Si j'ai rencontré *Pierre* et *Jean*
je ne vous dirai pas: j'ai rencontré *Jean* et *Pierre.* »
Pourquoi pas? Il importe peu que l'un des deux
soit nommé le premier ou le second.

« Dans un tableau, un moulin n'est pas un homme;
« un homme n'est pas un arbre, ni une rivière n'est
« pas une maison. »

Quelle ingénuité !

« Qu'est-ce que la proposition? L'expression
« d'une pensée. »

Vous devriez dire, M. Vanier, avec Dumarsais,
Biagioli, Lemare, Boniface et tous les grammairiens
philosophes que *la proposition est et ne peut être que
l'expression d'un jugement.*

Vous devriez savoir qu'on appelle *jugement* la
perception d'un rapport entre deux idées comparées,
et *proposition*, l'assemblage de mots par lesquels on
exprime un jugement. Ainsi le jugement énoncé par
ce groupe de mots: *Dieu est juste*, est une *proposition.*

Vous devriez encore savoir que, dans la perception d'un rapport, dans un jugement, et, par conséquent, dans une proposition, il ne peut y avoir que
deux termes, le sujet *Dieu*, et l'attribut *est juste*. Il
ne doit pas y avoir moins de deux termes, parce
qu'on ne peut sentir un rapport à moins d'avoir
deux idées comparées ensemble; et il ne peut y en
avoir plus de deux, parce que, s'il y en avait davantage, il en résulterait plusieurs rapport sentis, plusieurs jugements, et, par conséquent, plusieurs propositions.

Dire donc, comme vous l'avancez, que la proposition est l'expression d'une pensée, ce serait dire
qu'une pensée ne peut renfermer qu'une proposition; ce qui est faux.

Dans cette phrase de Fénelon.

Qui ne craint pas la mort est au-dessus de tout?
il n'y a qu'une pensée et nous y voyons deux propositions:

1ᵣₑ proposition. Celui-là. (*Est au-dessus de tout.*)

2ᵐᵉ proposition. *Qui ne craint pas la mort.*

Il en est de même dans les deux phrases suivantes:

*La foi, l'espérance et la charité sont trois vertus
théologales.*

*L'opinion qui rencontre le moins d'obstacles est
l'opinion des baïonnettes.*

La première renferme trois propositiòns et la seconde deux; il est évident pourtant qu'il n'y a qu'une pensée dans chacune.

Il faut conclure de tout ceci que votre définition est inadmissible.

AUXILIARITÉ. Dans cet article, M. Vanier a fait une pièce de vers sur *j'ai perdu ma montre, j'ai perdu ma place, j'ai ma montre perdue, j'ai ma place perdue*. Cette pièce est fort curieuse, et nous ne voulons pas en priver ceux qui ne la connaîtraient pas. Nous allons la citer en entier.

Et bonjour donc, Monsieur, charmé de la rencontre;
Ami, quelle heure est-il? Las! j'ai perdu ma montre,
Et vais regardant l'heure au plus voisin clocher.
On l'attrape en passant devant un horloger.
— Depuis quand? L'an dernier, dans cette même rue,
A quelques pas d'ici, Monsieur, je l'ai perdue.
J'affichai, m'informai le matin et le soir;
Pendant un an un jour je conservai l'espoir.
C'en est fait, maintenant, et tout me le démontre,
J'ai perdu mon espoir, mes peines et ma montre.
Pour moi, cet accident est d'autant plus fâcheux,
Que j'ai perdu ma place et ne suis pas heureux.
Quoi! vous *auriez encore votre place perdue?*
Du tout, *je ne l'ai plus*, Monsieur, point de bévue.
Un insigne intrigant qui lors me la souffla,
En touche le produit; or, *c'est bien lui qui l'a.*
Quiconque l'a perdue, a-t-il encor la chose?
Cela ne se peut pas, je crois que Monsieur glose.
Non, vous l'avez toujours, puisque vous dites *j'ai,*
Pour ajouter *perdu, avoir* n'a pas changé.
— Oh! si vous disiez vrai, j'aurais l'âme ravie.
Selon vous, je n'aurais rien perdu de la vie.
Pourtant, je suis sans place et sans montre au gousset;
J'avais... et *je n'ai plus,* est-ce le même effet?
Vous jouez sur le mot. L'illusion est belle;
Mais elle n'entrera jamais dans ma cervelle.
Je perds et j'ai toujours! maxime hors de saison:
Y croire, en vérité, c'est perdre la raison.

Tels sont les vers de M. Vanier. Ce grammati-rien-poète ou ce poète-grammairien était sans doute mal inspiré le jour qu'il lui prit fantaisie de rimer. Il est impossible de faire rien de plus plat ni de plus ridicule.

BÉNI. On sait que le verbe *bénir* a deux partici-pes passés qui sont *béni*, *bénie* et *bénit* et *bénite*.

Bénit, bénite, se dit de la bénédiction donnée par les prêtres avec des cérémonies religieuses. Du *pain bénit, de l'eau bénite, un cierge bénit.*

Béni, bénie, a toutes les autres significations. *Étre béni de Dieu et des hommes. Des armes* bénites *par l'Église avec beaucoup d'appareil, ne sont pas tou-jours* bénies *du ciel sur le champ de bataille.*

L'Académie, Laveaux, Girault-Duvivier et l'u-sage surtout, plus puissant que les grammairiens et les lexicographes, admettent ces deux distinctions. M. Vanier les combat en ces termes :

« Nous écrivions *bénict, cognu, nepveu, contract,* etc. Mais *toute cette crasse baptismale* s'est effacée ; et c'est par une vieille habitude, que nous disons en-core *eau bénite,* quoique le participe *béni* se soit ré-gularisé depuis. Voilà tout le mystère. C'est le seul des verbes en *ir, issant,* qui ait conservé le *t* dans *eau bénite,* parce que chaque jour un bon chrétien fait usage d'eau bénite, et que cette expression lui revient souvent à la bouche. Il n'y a donc là-dedans aucune nuance de pensée qui détermine le choix entre *béni* et *bénit;* la chapelle *bénie* ou *bénite* ne l'est ni plus ni moins qu'une chandelle qu'on aurait *bénie* ou *bénite;* attendu que la bénédiction n'a qu'un seul et même effet, et que ce que Dieu a *béni* ou *bé-nit* est aussi bien *béni* que *bénit.* Dire qu'une nation est *bénie* ou *bénite,* c'est dire la même chose. Seu-lement *bénie* est le participe régulier du verbe *bénir,* et on doit le préférer *dans l'intérêt de la grammaire et des grammairiens.* »

Si nous admettions que l'on dût dire *bénie* et non *bénite,* d'une chose quelconque, soit que la bénédic-tion provînt du prêtre, de Dieu ou d'une personne, certes, ce ne serait pas par les mêmes motifs que

M. Vanier. Sans nous arrêter à la *crasse baptismale*, il nous semble que l'intérêt des grammairiens ne doit point entrer en considération dans la réforme d'une expression.

CELUI. « Passons maintenant à l'emploi de *celui, celle*. etc. »

« *Le nombre des espèces d'animaux est plus grand que* CELUI *des espèces de plantes.* (BUFFON). »

« Le buffle a la peau plus épaisse et plus dure que le bœuf. (*Id.*) »

« Dans la première, il faut nécessairement *celui*, car on compare le nombre des espèces d'animaux avec *celui* (le nombre) des espèces de plantes, et non pas avec les *plantes,* ce qui serait un contre-sens. »

« Dans la seconde, on ne compare pas la peau du buffle avec le bœuf. Est-ce une faute que d'avoir supprimé *celle*, qui semble devoir être nécessaire ici, puisque la pensée n'est pas que la peau du buffle soit plus épaisse et plus dure que ne l'est un bœuf? A cela nous répondrons que ni Buffon, ni ceux qui lisent cette phrase, ne verront là une telle pensée. Elle serait trop gigantesque, tranchons le mot, trop absurde, pour croire qu'elle puisse *se nicher dans une tête humaine.* »

Si le raisonnement est juste ici il faut avouer que l'expression n'est guère noble. Comment M. Vanier peut-il employer des termes comme ceux-ci: *se nicher dans une tête humaine?* c'est malheureusement ce qu'il y aurait à relever à chaque page.

Nous ne pousserons pas cet examen plus loin. On peut juger, d'après les critiques que nous avons faites de celles qui nous resteraient encore à faire. Nous n'en avons ni le temps ni le courage, et d'ailleurs nous n'en voyons pas la nécessité. Ce que nous avons dit suffit maintenant pour qu'on puisse apprécier le dictionnaire de M. Vanier à sa juste valeur. Qui croirait qu'il s'est trouvé une plume assez complaisante pour faire de cet ouvrage l'éloge suivant:

« On sait quel accueil bienveillant les journaux de la France et de l'étranger firent à cette importante publication, lorsqu'elle parut. Depuis long-temps les amateurs des études sérieuses sur notre belle langue réclamaient un recueil complet des difficultés qu'offre notre grammaire, soit dans l'origine des mots, soit dans leur définition, soit dans leur forme ou leur emploi. Pour cela, il fallait joindre à des connaissances très étendues sur notre belle langue, un goût sévère, un style pur, une logique serrée et surtout une grande habitude de la discussion. M. Vanier, dans son judicieux travail, a fait preuve de ces belles qualités rarement réunies. Aussi son ouvrage restera-t-il comme *un de ces grands monuments littéraires* de notre époque. Les observations de l'auteur ont de la profondeur, sans tomber dans l'obscurité ni dans l'abstraction; sa critique, toujours noble, offre ce ton d'urbanité qui décèle une âme toute française. Enfin, les solutions qu'il a données d'une foule de questions mal observées, mal résolues ou livrées à l'arbitraire, lui ont concilié l'estime de tous les amateurs du beau, du vrai et du solide. Le *Dictionnaire grammatical* sera donc le complément nécessaire des études que les professeurs, les instituteurs et les institutrices ont faites sur la langue française.

L'ouvrage de M. Vanier, un *monuments littéraire!* c'est par trop fort, en vérité. Des raisonnements décousus, des redites fastidieuses, des contradictions sans nombre, des observations triviales et même burlesques, des omissions impardonnables, des bévues, des doctrines systématiques et fausses, des critiques de mauvais goût, des impuretés de style, voilà ce que l'on rencontre d'un bout à l'autre dans le dictionnaire de M. Vanier, et l'on nous donnerait cela pour un *monument littéraire !* Que les instituteurs et les institutrices se mettent donc en garde contre les éloges de camaraderie. Nous les avons avertis, ils doivent savoir à présent à quoi s'en tenir.

GRAMMAIRE PRATIQUE.

« *L'instruction primaire, étant la base fondamen-*
« *tale de l'éducation, elle doit être donnée de manière*
« *à suffire pleinement aux besoins des masses, et à ou-*
« *vrir la route des classes supérieures aux élèves qui y*
« *sont appelés. C'est dans ce but qu'a été faite la* GRAM-
« MAIRE-PRATIQUE *adoptée par l'Université.* » (Pré-
« face, page 1re).

Voilà le début de la préface de M. Vanier. Quelle
prétention! La *Grammaire-pratique* suffire pleinement aux besoins des masses. Si cela était vrai,
l'Université ne l'aurait pas rayée depuis long-temps
de la liste des ouvrages qui sont autorisés par elle.
C'est ce que M. Vanier sait comme nous. Aussi jette-
t-il feu et flamme contre l'Université.

« *Ouvrez le petit Lhomond, l'oracle de l'école; que*
« *dit-il, que l'alphabet se divise en voyelles et en con-*
« *sonnes; qu'il y a des voyelles brèves et longues; ce*
« *qu'on entend par diphtongue, apostrophe, accents,*
« *etc. Si ce n'est pas là tout le bagage de la langue*
« *écrite, les choses ont changé de nom.* » (*Idem.*)

Ouvrez la grammaire de M. Vanier; qu'y verrez-
vous? La pratique précéder la théorie. On parle
aux élèves de *substantifs*, d'*adjectifs*, de *pronoms*,
de *verbes*, etc., sans leur avoir dit d'abord ce que
c'était que ces mots. C'est bien là ce qui s'appelle
mettre la charrue avant les bœufs. Encore si la partie pratique renfermait quelque chose d'instructif,
quelque chose qui piquât la curiosité des enfants, et
développât leur jugement, on pourrait passer
condamnation; mais savez-vous ce que M. Vanier
entend par pratique? la conjugaison orale. Tout se
borne à dire: *Je suis honnête, tu es aimable, la char-*
rette est embourbée. Il sied bien, en vérité, à M. Vanier de se moquer de Lhomond!

« *La Grammaire pratique est celle des faits* (7). »

Il ne faut pas prendre cela à la lettre. On pourrait
croire que M. Vanier procède des exemples aux
règles; pas le moins du monde. M. Vanier, encore

une fois, entend, par la méthode des faits, la conjugaison orale. Le seul moyen, d'après lui, de savoir la grammaire et la langue, c'est de conjuguer tous les verbes. *La conjugaison est l'âme des langues, dit-il.* M. Vanier nous paraît attacher un peu trop d'importance à la conjugaison des verbes; non pas que nous ne reconnaissions avec lui que cette partie de notre langue n'offre des difficultés réelles; mais en faire la base de tout un système d'enseignement, c'est, à notre sens, pousser les choses un peu trop loin, et exagérer les avantages d'un semblable procédé.

« *Voilà ce que la saine grammaire prescrit, et mal-*
« *heureusement ce que la plupart des* GRAMMATISTES
« *n'ont pas compris.* » (*Idem.*)

M. Vanier se croirait-il grammairien?

« *La conjugaison orale doit être pratiquée deux fois*
« *par jour* (8). »

On voit que M. Vanier ne sort pas de la conjugaison; c'est malheureusement chez lui une monomanie.

Quand on dit *ce cheval est blanc*, on exprime le verbe d'état *être blanc*, dont *cheval* est le sujet (14).

Nous en demandons bien pardon à M. Vanier, mais *être blanc* n'est pas un verbe, pas plus que *être gai, être habile, être triste, être grand, être petit.* Un verbe est un mot, qui, par ses différentes formes, exprime des idées de nombres, de personnes, de modes et de temps, comme *boire, manger, dormir.* Un verbe est encore un mot à l'aide duquel on peut exprimer soit l'état, soit l'action du sujet; l'action comme dans *je bats*; l'état comme dans *je suis battu.* Si *être battu* est regardé par quelques grammairiens comme un verbe, c'est que *battu* est une forme du verbe *battre.* Il n'en est pas de même dans *être gai, être habile, être triste,* etc. Jamais ces expressions n'ont été regardées comme des verbes, que par M. Vanier. Il y a mille et une absurdités de ce genre dans la *Grammaire pratique.*

« *On appelle articles possessifs les mots suivants,*

« *parce qu'ils expriment la possession* : mon , mes ,
« ton , tes , son , ses (13). »

Qui les appelle ainsi, M. Vanier ? vous, vous seul.
Mon, ton, son, s'appelaient autrefois des pronoms
possessifs, parce que l'on considérait, *je, tu, il*
comme des pronoms personnels implicitement con-
tenus dans *mon, ton, son.* Mais depuis long-temps
on a reconnu que la dénomination de pronoms possessifs était une dénomination fausse, puisque *mon,
ton, son* ne tiennent la place d'aucun nom. On appelle
donc aujourd'hui ces mots adjectifs possessifs, et
c'est avec raison, puisqu'ils prennent le genre et le
nombre des substantifs qu'ils déterminent. Cette dénomination d'*articles possessifs* est d'autant plus in-
signifiante que M. Vanier, à l'exemple de Lhomond,
définit l'article un petit mot qui se met devant les
noms. Voilà certes une belle définition ! Probablement que, pour M. Vanier, *inconstitutionnellement*
n'est pas un adverbe, mais un grand mot, un gran-
dissime mot. Pour définir ainsi les parties du discours, il ne faut pas être grammairien, il suffit d'être
maçon et d'avoir un compas et une toise.

« *Tous les verbes en* eler *et* eter *prennent l'accent*
« *grave sur l'e muet sans radical quand après lui vient*
« *un e muet* (19). »

Ainsi, selon cette règle, il faudrait écrire je *jète,*
je *cachète,* j'*époussète,* j'*appèle,* je *renouvèle.* Nous
savons bien que c'est là l'orthographe de M. Vanier
et même de M. Martin, mais c'est une orthographe
vicieuse que nous ne conseillons à personne d'imiter.
Dans les verbes en *eler, eter,* comme *appeler, jeter,*
la consonne se double, lorsque la terminaison commence pas un e muet : je *jette,* j'*appelle.* On ne met
un accent grave que dans les verbes en *éler, éter,*
je *véjète,* je *recèle,* où l'on substitue cet accent à l'accent aigu.

Les instituteurs doivent se défier des grammaires
dites fort improprement *pratique* et *populaire.* Sous
prétexte de réformer la langue, elles ne font que la
défigurer.

« *Ne mettre l'accent grave sur le radical* pren *que*
« *quand il est suivi d'un* e *muet* (27) »

M. Vanier écrit et veut qu'on écrive ils *prènent*,
ils *entretièrent*, ils *soutièrent*, ils *maintièrent ;* mais
l'usage généralement suivi veut à son tour qu'on
écrive ils *prennent*, ils *entretiennent*, ils *soutiennent*,
ils *maintiennent*. Nous laissons à décider qui doit
l'emporter de l'usage ou de M. Vanier.

« *Tout verbe qu'on ne peut pas interroger par la*
« *question* quoi *est intransitif* (37). »

Nous savons bien qu'on interroge *quelqu'un, une
personne ;* jamais nous n'avions entendu dire qu'on
pût interroger un verbe.

« *Laissez le participe invariable dans* elles se sont
« plu à la campagne, *parce que le sujet est régime*
« *indirect de sa propre action.* (30) »

Nous nous inscrivons en faux contre une pareille
règle.

On conçoit que dans *nous nous sommes plu, elles
se sont déplu, nous* et *se* doivent être considérés
comme régimes indirects, puisque, en effet, c'est à
nous que nous avons plu, c'est à elles qu'elles ont
déplu : partant l'invariabilité est de rigueur.

Mais dans *elles se sont plues à la campagne, nous
nous sommes plus à la contrarier, nous* et *se* ne jouent
d'autre rôle que celui de régimes directs ; en effet,
en soumettant ces phrases à l'analyse, il en résulte :
*nous avons plu nous à les contrarier, elles ont plu
elles à la campagne.* Les régimes sont évidemment
directs, et dès lors les participes doivent varier.
Quoi ! vous établissez une différence orthographique
fondée sur la diversité des régimes entre *elle s'est
donnée à quelqu'un* et *s'est donné un maître, elle
s'est vue dans la glace* et *s'est vu des droits ;* et cette
différence vous ne l'observez pas entre *elles se sont
plu, dès qu'elles se sont vues,* et *elles se sont plues à
la campagne.* Il faut être alors bien aveugle ou
bien entiché de l'esprit de système.

« *Si l'on a bien suivi la marche indiquée, on con-*

« viendra que les élèves arrivés au point où nous en
« sommes sont habitués à accorder l'adjectif avec son
« substantif en genre et en nombre, et le verbe avec
« son sujet en nombre et en personne. Si l'on fait atten-
« tion que nous voici à la pratique du participe-verbe
« variable ou invariable, et cela sans autre effort d'i-
« magination que d'interroger le verbe par la question
« quoi? on conviendra que la méthode des faits est
« mille fois préférable à la marche théorique (43). »

Vous nous paraissez vous tromper bien étrange-
ment, lorsque vous nous dites qu'il n'y a autre
chose à apprendre dans l'étude de la grammaire
que l'accord de l'adjectif avec son substantif, et
qu'un enfant est un aigle du moment qu'ils ait
dire: *Je me suis reposé, je me suis couché, je me
suis endormi*. Vous nous paraissez plus encore dans
l'erreur lorsque vous prenez pour la méthode des
faits, toutes vos phrases de fabrique. Voici un petit
échantillon des exemples de M. Vanier:

*Je sais que le Pô n'est pas un pot, ni une peau, ni la ville
de Pau. — L'odeur du thym que je tins fit pâlir mon
teint. En mangeant du thon, je me donne du ton. Je
tiens ma dent dans ma poche, elle ne me sera plus à
dam. — Je crains le crincrin de cet archet de crin. —
Quand je dis qu'en traversant Caen, j'ai vu le camp,
je plaisante; quant à ma sœur, elle a vu Gengiskan,
où l'on faisait du quanquan. — Je disais une fois en
revenant de Foix que j'aimais le foie, on me montra le
fouet; ma foi, je me tus, car je n'avais pas d'avantage
à parler davantage.* Ouf! nous nous sentons le
cœur mal à l'aise à rapporter de pareils exemples;
ils sont plutôt faits pour dégoûter que pour instruire. Si l'Université a retiré son autorisation à
la *Grammaire-pratique* il ne faut plus s'en étonner.

« Ouvrez toutes les grammaires et vous verrez que
« courir, *le plus régulier de tous les verbes en ir*, est
« *jeté au baquet des irrégularités* (34). »

Tel est le noble langage de M. Vanier ; il nous dispense de tout commentaire.

« *Le mot* cent *prend une* s *quand il y a plusieurs* « cents, *et que ce mot termine le nombre. On dit* « deux cents hommes. *Mais quoiqu'il y ait plusieurs* « *cents, s'il ne termine pas le nombre, il ne prend pas* « *d's. On dit :* deux cent trois hommes (50). »

Cette règle est incomplète. Il fallait ajouter que lorsque le mot *cent* est employé comme nombre ordinal, il est toujours invariable ; il en est de même pour *vingt* dans *quatre-vingt*. Il faut écrire l'*an douze cent*, l'*an quatre-vingt*, quoique cent et *vingt* terminent le nombre et qu'il s'agisse de plusieurs centaines, de plusieurs vingtaines. L'*an douze cent*, l'*an quatre-vingt* s'écrivent ainsi, parce que c'est pour l'*an douze centième*, l'*an quatre-vingtième*.

« *Le mot* mille *est invariable. (Idem).* »

Oui, quand il est nom de nombre ; non, a quand il est mesure itinéraire. C'est une distinction qu'il fallait faire.

« Ce *est article démonstratif.* (55) »

Ce est adjectif démonstratif. Article ne signifie rien comme nous vous l'avons prouvé.

« L'adjectif *nu*, placé devant le substantif, s'y joint par un trait-d'union, et forme un adverbe. Il devient invariable : *nu-pieds*, *nu-tête*. Quand on le place après le substantif, il en prend l'accord : *tête nue, pieds nus.* »

Vous oubliez de dire que, placé devant *propriété*, *nu* s'accorde : *en nue propriété*.

« L'article est un petit mot qui se place devant le nom commun, pour déterminer plus ou moins précisément l'être qui nous occupe (78). »

Nous avons déjà fait observer que M. Vanier définit l'article un petit mot. On serait porté à croire qu'il ne s'agit que de *le, la, les.* Pas du tout. M. Vanier dit que *un, une, deux, trois, quatre* sont des articles, *ce, cet, ces* des articles, *mon, ma, mes* des articles, *chaque*, et *quelque* des articles. Enfin tout est article pour M. Vanier, c'est-à-dire que presque toutes les parties du discours ne sont à ses yeux que de petits mots. Voilà une singulière classification.

« On divise le temps proprement dit en trois tran-
« ches; 1° l'actualité, 2° l'antériorité; 3° la postério-
« rité. »

M. Vanier croit probablement qu'il en est du temps comme d'un jambon ou d'un melon. Il nous semble que le mot *tranche*, n'est pas ici le mot propre; mais M. Vanier n'y regarde pas de si près.

Nous bornerons ici nos observations sur la grammaire de M. Vanier. Nous en avons dit assez pour qu'on puisse être à même maintenant de juger que tout pèche dans cet ouvrage, le plan, les exemples le style. En conscience, nous ne croyons pas que la *Grammaire pratique* soit digne des instituteurs et de leurs élèves. Il est à désirer qu'elle soit bannie de nos écoles.

LA CLEF DES PARTICIPES.

OU LES

PARTICIPES RÉDUITS A UNE SEULE RÈGLE.

François de Neufchateau a dit :

> La Grammaire autrefois péniblement futile
> Avait bien mérité qu'on lui fît son procès.
> Des jeunes écoliers lassant la patience,
> En leur criant : marchez ! elle arrêtait leur pas,
> Elle disait : « Voici la clef de la science ! »
> Ils avaient beau tourner, cette clef n'ouvrait pas

Nous pouvons absolument en dire autant de la *Clef des participes* de M. Vanier : cette clef a beau tourner elle n'ouvre pas. En effet, veut-on savoir quel en est le mécanisme, nous n'avons qu'à citer textuellement ce que M. Vanier appelle *faits* et *notions préliminaires* :

« Il s'agit, dit-il de faire l'explication de la règle avec connaissance de cause; et, pour cela, suivez l'ordre naturel. Il est dans la nature des choses qu'un jeune garçon dise : *je suis content*, et que la jeune fille dise : *je suis contente*. Voilà ce qu'on appelle la première personne du singulier. »

« Il est tout naturel qu'un garçon dise à son camarade : *tu es content*, et que la jeune fille dise à sa compagne : *tu es contente*. C'est, en grammaire, la seconde personne, celle à laquelle on parle. »

Il est encore tout naturel qu'un garçon, en parlant de sa sœur, dise à quelqu'un : *Sophie est contente*, et que la jeune fille, en parlant de son frère dise : *Julien est content*. C'est la troisième personne grammaticale, c'est-à-dire l'individu, l'être ou l'objet dont on parle à quelqu'un. »

« D'après cela on voit de quelle importance il est de mettre l'étudiant en scène, pour qu'il se fasse à lui-même l'application de la règle avec connaissance de cause, ce qui le dispose nécessairement à en faire ensuite l'application aux autres. Voilà tout le mécanisme du langage, le fond de toute grammaire raisonnée. »

Puis viennent des Exercices semblables à ceux-ci : *je suis encore enrhumé, je tousse beaucoup, je me suis enrhumé aux bains froids, mon médecin m'a donné une tisane qui m'a bien soulagé. Pauline et Émilie sont volées comme dans un bois.*

Comme on le voit, tout se réduit dans *la Clef des participes* à faire conjuguer sur les trois personnes grammaticales des phrases familières et triviales. Quel fruit, je vous le demande, peut-on retirer d'un pareil ouvrage ? Aussi nous le disons en toute conscience : Quiconque croirait, avec la clef des participes, triompher des nombreuses difficultés que présente cette partie si importante de la grammaire serait, pour nous servir de l'expression de M. Vanier, *volé comme dans un bois.*

Quant aux autres ouvrages de M. Vanier, *sa méthode de lecture, son Traité d'analyse*, ils ont tous les défauts que renferment la *grammaire pratique* et le *Dictionnaire grammatical*.

Nous croyons donc inutile d'en dire d'avantage.

TABLE.

FIN.

GRAMMAIRE NATIONALE

OU

GRAMMAIRE

de Voltaire, de Racine, de Fénelon, de J.-J. Rousseau, de Buffon,
de Bernardin de Saint-Pierre, de Chateaubriand,
de Lamartine, etc.,

RENFERMANT PLUS DE CENT MILLE EXEMPLES

qui servent à fonder les règles et qui constituent le Code
de la Langue française;

OUVRAGE ÉMIN᾽᾽MMENT CLASSIQUE,

Publié sous les auspices

DE MM. CASIMIR DELAVIGNE, DE JOUY, VILLEMAIN, TISSOT, NODIER,

DE GÉRANDO, ETC.;

PAR MM. BESCHERELLE FRÈRES.

Un fort volume grand in-8º. Prix : 12 fr., pris à Paris.
Franco par la poste, 2 fr. 50 c. en plus.

———

LA FRANCE GRAMMATICALE,

PÉDAGOGIQUE ET LITTÉRAIRE,

JOURNAL DES ÉCOLES PRIMAIRES, DES COLLÉGES, DES PENSIONS,
DES GENS DU MONDE ET DE L'INSTRUCTION PUBLIQUE EN GÉNÉRAL;

Principalement destiné

1º à guider les jeunes maîtres dans l'art difficile d'enseigner, à éclairer
leurs doutes, et à les fixer dans le choix des meilleurs livres élémentaires; 2º à examiner, sous le rapport du style, tous les ouvrages
nouveaux; 5º à favoriser les progrès de la langue et le perfectionne-
ment des méthodes.

Publié avec le concours et sous le patronage

de MM. Guizot, Villemain, Casimir Delavigne, Nodier, Tissot,
de Jouy, Mollevaut, de Gérando, et de Mesdames Joséphine
Sirey, Achille Comte, Sophie Dupuis, etc., e.c.

Par MM. BESCHERELLE frères, rédacteurs en chef,
MM. CH. DURAZZO, avocat,
GILLET-DAMITTE, bachelier è-lettres, instituteur supérieur,
PERRON, professeur à la Faculté de Besançon.

La *France Grammaticale* paraît le 15 de chaque mois, par cahiers de
32 pages grand in-8º à deux colonnes, à partir du 15 octobre 1838. Le
prix de l'abonnement est de 10 fr. par an pour toute la France, et de
11 fr. pour l'étranger.

Les demandes d'abonnement non accompagnées du montant seront
rejetées.— On reçoit les mandats sur le Trésor et sur la Poste.

On rend compte de tous les ouvrages dont deux exemplaires sont
adressés *franco* au bureau du Journal.

Le prix des insertions est de 50 centimes la ligne.

Tous les envois, réclamations, avis et communications concernant soit
la rédaction, soit l'administration, doivent être adressés *franco* au bureau
du Journal, quai Voltaire, nº 21.

www.ingramcontent.com/pod-product-compliance
Lightning Source LLC
Chambersburg PA
CBHW061008280326
41935CB00009B/884